《99のパターンでこんなに話せる!》
最もシンプルな韓国語マニュアル

小倉紀蔵

はじめに

韓国語はパズルです。
そのシンプルで美しいしくみさえマスターすれば、
どんな複雑な文でも簡単につくれるようになるのです。

この本の第一の目的は、韓国語のしくみがわかるようになること。
そしてそのしくみを使って簡単な表現が
できるようになることです。

しかも観光旅行で欠かせない会話も、
自分でつくってマスターできるよう、配慮してあります。

こどもの頃、プラモデル・キットを組み立てたように、
またシンプルな方程式で難しい問題が解けてうっとりしたように、
あるいは母親がこどもに洋服をつくるときのパターンのように…
韓国語をしゃべるための、
最もシンプルな公式をマニュアルにした、
ハングル・ビギナーのための完璧公式ガイドブックなのです。

・・・・・・・・・・・・・・・・・・・・・・・・・・

東海大学で多くの学生に韓国語を教えながら私は、
「最もシンプルでわかりやすいテキスト」を模索してきました。
この本はそれを基本にしてできあがったものです。
その意味でまず、東海大学の学生諸君に感謝します。
そして、アルクの編集担当者である「ディープでオルタ」な古市眞人さんと、
同じく「韓国ロックオタク」の橋本健さんに感謝します。
またシンプルかつおしゃれなデザインをしてくれた板垣文子さん、
かわいいイラストを描いてくれた東海大学の「両班オタク」山口祐子さん、
CDで韓国語を一生懸命しゃべってくれた
漢陽大学校の李友娟さんと金冠旭くんに、感謝します。
また私は言語学が専門ではないため、文法の知識に関しては
先学のすぐれた業績を参考にしていることを記し、感謝します。

2007年10月
小倉紀蔵

■　この本の使い方　■

■「韓国語はパズルだ！」というのがこの本のコンセプトです。
　韓国語の木というものは、単語の幹というものがまずあって、その後ろにいろいろな枝や葉をペタペタとくっつけてゆくというものです。
　そしてくっつけるときにいくつかのルールがあって、それさえマスターしてしまえば、あとは簡単なパズルをやっているような感覚で文章をつくることができるのです。

■この本では、パズルの基本的な99のルールを、「しくみ」という名で1ページに1項目ずつ載せてあります。 30a とか 50 というのがそれです。

■次にそのしくみを使って、韓国語の簡単な文をつくってみます。
　例文の右側には、どうして文章がそのようにつくられるのかを、「しくみ」の番号によって明示してあります。これはパズルの図解のようなものです。
　そして巻末の「ソウルでひとこと」では、それぞれの「しくみ」を使った実用的な会話が練習できます。韓国に旅行するときに、これだけの表現を覚えていれば不自由はしない、という会話を盛り込んであります。

・・・・・・・・・・・・・・・・・・・・・・・・・・・・・・

◆発音について
　韓国語の発音をカタカナで示しましたが、実際には日本語の文字で正確に表わすことはできないのはもちろんです。カタカナ表記は、「だいたいこのような発音に近い」という程度であることを忘れないでください。正確な発音は、CDを聴いて耳で覚えるようにしましょう。CDトラックは、ステップ1〜4までは、それぞれの「しくみ」の左上に●マークが入っています。また、「ソウルでひとこと」はトラック13に、「あいさつ」はトラック14に収録してあります。
　また韓国語の発音で厄介なもののひとつが長音（のばす音）です。というのは、たとえば同じ밤というハングル表記でも、パムと発音すれば夜、パームと発音すれば栗、というように、意味が違ってきます。ハングルにはこの区別を表示するすべがないのです。しかしながら、この区別にあまり神経質になるのもよくないし、実際の韓国人も長音の発音を厳密にしているとは言えないので、本書ではいくつかの重要な単語以外は、カタカナ表記において長音を示していません。ただしこの本を卒業してさらに上達するためには、長音にも神経を遣って発音してみることをお勧めします。

目　次

はじめに
この本の使い方

ステップ1　ハングルのパターンに慣れよう

しくみ 1	ハングルとはパズルである	10
しくみ 2	基本母音❶	11
しくみ 3	基本母音❷	12
しくみ 4	基本母音❸	13
しくみ 5	合成母音❶	14
しくみ 6	合成母音❷	15
しくみ 7	合成母音❸	16
しくみ 8	母音のおさらい	17
しくみ 9	基本子音❶	18
しくみ10	基本子音❷	19
しくみ11	基本子音❸　激音	20
しくみ12	濃音	21
しくみ13	子音のおさらい	22
しくみ14	日本語をハングルで書いてみる	23
しくみ15	パッチム	24
しくみ16	文字のつくり方のパターン	25
しくみ17	カナダラマ	26
しくみ18	反切表	27
しくみ19	連音化	28
しくみ20	終声の発音	29
しくみ21	有声音化	30
しくみ22	濃音化	31
しくみ23	激音化	32
しくみ24	鼻音化	33
しくみ25	舌側音化	34
しくみ26	口蓋音化	35

ステップ2　いちばんやさしいパターン

しくみ 27　韓国語の語順 38
しくみ 28　語幹と語尾 39
しくみ 29　母音語幹と子音語幹 40
しくみ 30　かしこまったていねいな語尾 41
しくみ 31　かしこまったていねいな疑問の語尾 42
しくみ 32　陽母音と陰母音 43
しくみ 33　陽語幹と陰語幹 43
しくみ 34　うちとけたていねいな語尾 44
しくみ 35　いる／ある 45
しくみ 36　いない／ない 46
しくみ 37　1人称／2人称／3人称 47
しくみ 38　〜だ／である 48
しくみ 39　〜でない（体言の否定） 49
しくみ 40　〜ない／〜くない（用言の否定） 50
しくみ 41　〜は 51
しくみ 42　〜が 52
しくみ 43　〜を 53
しくみ 44　〜と 54
しくみ 45　〜に 55
しくみ 46　〜から 56
しくみ 47　〜で 57
しくみ 48　〜まで 58
しくみ 49　〜で／〜として 59
しくみ 50　〜の 60
しくみ 51　〜も 61
しくみ 52　〜より 62

ステップ3　これで基本的なパターンはすべてマスター！

しくみ 53	いつも行く店（動詞の連体形）	64
しくみ 54	痛い傷（形容詞の連体形）	65
しくみ 55	学生である私（指定詞・存在詞の連体形）	66
しくみ 56	連体形のまとめ	67
しくみ 57	［〜아／〜어形］❶	68
しくみ 58	［〜아／〜어形］❷ 変則	69
しくみ 59	食べた（過去形❶基本）	70
しくみ 60	来た（過去形❷変則）	71
しくみ 61	ご覧になりますか？（尊敬❶基本）	72
しくみ 62	いらっしゃる（尊敬❷特殊な言葉）	73
しくみ 63	行くつもりです（意思・推量などの겠）	74
しくみ 64	雨が降るでしょう（推量・未来）	75
しくみ 65	食べられます（可能／不可能）	76
しくみ 66	食べられません（不可能の못）	77
しくみ 67	行かねばなりません（義務）	78
しくみ 68	会いたいです（願望）	79
しくみ 69	見たくないです（願望の否定）	80
しくみ 70	お行きください（命令❶）	81
しくみ 71	行け（命令❷）	82
しくみ 72	お遅れにならないでください（禁止❶）	83
しくみ 73	遊ぶな（禁止❷）	84
しくみ 74	一緒に踊りましょう（勧誘）	85
しくみ 75	走っています（動作の継続・進行）	86
しくみ 76	すわっていますか？（状態の継続）	87
しくみ 77	勉強させますか？（使役❶）	88
しくみ 78	笑わせないでください（使役❷）	89
しくみ 79	発表されますか？（受け身❶）	90
しくみ 80	見えますか？（受け身❷）	91
しくみ 81	地の文の終わり方（下称形）	92
しくみ 82	〜だと言います（引用）	93

ステップ4　数字と変則活用

　　しくみ 83　漢数詞❶（0～10） 96
　　しくみ 84　漢数詞❷（11～兆） 97
　　しくみ 85　固有数詞❶（1～10） 98
　　しくみ 86　固有数詞❷（11～99） 99
　　しくみ 87　数字のかぞえ方❶ 100
　　しくみ 88　数字のかぞえ方❷ 101
　　しくみ 89　ㄹ語幹 102
　　しくみ 90　으変則 103
　　しくみ 91　ㄹ変則 104
　　しくみ 92　러変則 105
　　しくみ 93　우変則 106
　　しくみ 94　하変則 107
　　しくみ 95　어変則 108
　　しくみ 96　ㅂ変則 109
　　しくみ 97　ㄷ変則 110
　　しくみ 98　ㅅ変則 111
　　しくみ 99　ㅎ変則 112

ソウルでひとこと 113
あいさつ 137
単語帳 141

ステップ1
ハングルのパターンに慣れよう

しくみ 1　ハングルとはパズルである

1

ハングル＝パズル

ハングルは、母音を表わす部品と子音を表わす部品を
パズルのように組み合わせてつくる文字です。
（この部品を字母と言います）

母音を表わす部品は 10 個（基本母音の字母）。
子音を表わす部品は 14 個（基本子音の字母）。

すべての文字はこの 24 個の部品の組み合わせでできています。

このほかに合成母音や
濃音の字母などもありますが、
基本は
この24個と考えるのです。

しくみ2　基本母音 ❶

2a

ㅏ　：ア [a]

日本語のアよりももっと明るくはっきりしたア。

2b

ㅓ　：オ [ɔ]

オは 2bと 2cの 2つあります。

口をアに近い程度にゆるく開けてオと発音する。

2c

ㅗ　：オ [o]

口を丸めて前に突き出してオ。

2d

ㅜ　：ウ [u]

ウは 2dと 3aの 2つあります。

口を丸めて前に突き出してウ。

しくみ3　基本母音 ❷

3a

ー　：ウ [ɯ]

唇を左右に真一文字に引っぱってウ。

「イ」と発音する口のかたちで「ウ」と発音します。

3b

丨　：イ [i]

はっきりと強いイ。

しくみ4　基本母音 ❸

4a

ㅑ ＝ ㅏ ＋ ㅡ ： ヤ [ja]

4b

ㅕ ＝ ㅓ ＋ ㅡ ： ヨ [jɔ]

ヨは4bと4Cの2つあります。

口をゆるく開けて。

4c

ㅛ ＝ ㅗ ＋ ㅣ ： ヨ [jo]

口を丸くして前に突き出して。

4d

ㅠ ＝ ㅜ ＋ ㅣ ： ユ [ju]

口を丸くして前に突き出して。

‖注1‖ しくみ2からしくみ4までの10個の母音字が、基本的な母音です。
‖注2‖ 日本語のアに当たるものが1つ、イに当たるものが1つ、ウに当たるものが2つ、エに当たるものはなし（合成母音にかぞえます）、オに当たるものが2つ。そしてヤ、ヨ（2つ）、ユを基本的な母音にかぞえるのが特徴です。

しくみ5　合成母音 ❶

5a

ㅐ ＝ ㅏ ＋ ㅣ ： エ [ɛ]

口を大きく開いて。

5b

ㅔ ＝ ㅓ ＋ ㅣ ： エ [e]　　日本語のエとほぼ同じ音です。

口を小さく開いて。

5c

ㅒ ＝ ㅑ ＋ ㅣ ： イェ [jɛ]

口を大きく開いて。

5d

ㅖ ＝ ㅕ ＋ ㅣ ： イェ [je]

口を小さく開いて。

‖注1‖ 日本語のエに当たるものは2つあり、合成母音と考えます。
　　　この2つのエは、実際の発音上は、ほとんど区別できません。
　　　最初の段階ではこの区別に神経質にならないで、どんどん前へ進むことのほうが大切です。

‖注2‖ 日本語のアイウエオに対応するハングルは次のとおりです。

ア	イ	ウ	エ	オ
ㅏ	ㅣ	ㅜ	ㅔ	ㅗ
		ㅡ	ㅐ	ㅓ

しくみ6　合成母音 ❷

6a

와 = ㅗ + ㅏ ： ワ [wa]

6b

왜 = ㅗ + ㅐ ： ウェ [wɛ]

6c

워 = ㅜ + ㅓ ： ウォ [wɔ]

6d

웨 = ㅜ + ㅔ ： ウェ [we]

しくみ7　合成母音 ❸

7a　ㅚ = ㅗ + ㅣ ： ウェ [we]

7b　ㅟ = ㅜ + ㅣ ： ウィ [wi]

7c　ㅢ = ㅡ + ㅣ ： ウィ [ɯi]

‖注‖ **7c** の本来の発音はウィ[ɯi]ですが、所有を表わす助詞의（ **50** ）のときのみ、エ[e]と発音されることが多いので注意してください。
　　また語頭の의以外の場合は、イ[i]と発音されるのがふつうです。

しくみ8　母音のおさらい

[基本母音]　10個あります。

ㅏ ア　ㅓ ォ　ㅗ ォ　ㅜ ゥ　ㅡ ゥ

ㅣ ィ　ㅑ ャ　ㅕ ョ　ㅛ ョ　ㅠ ュ

[合成母音]　11個あります。

ㅐ エ　ㅔ エ　ㅒ イェ　ㅖ イェ　ㅘ ワ

ㅙ ウェ　ㅝ ウォ　ㅞ ウェ　ㅚ ウェ　ㅟ ウィ　ㅢ ウィ

これらは母音を表わす字母（部品）であり、ハングルの正式な文字にするためには○という字母に組み合わせて字をつくります（○については **10e** 参照）。
組み合わせるとき、母音を表わす字母が○の右側に来るか下側に来るかは、字母によってあらかじめ決まっています。

これとセットになっている母音の字母をそのまま読む、というしるしです。

8a　右側に来るもの

아 ア　어 ォ　이 ィ　야 ャ　여 ョ　애 エ　에 エ　얘 イェ　예 イェ

8b　下側に来るもの

오 ォ　우 ゥ　으 ゥ　요 ョ　유 ュ

8c　8a と 8b の合成

와 ワ　왜 ウェ　워 ウォ　웨 ウェ　외 ウェ　위 ウィ　의 ウィ

しくみ9　基本子音❶

9a ㄱ：[k] の音

9b ㄴ：[n] の音

9c ㄷ：[t] の音

9d ㄹ：[r] [l] の音

9e ㅁ：[m] の音

‖注1‖ CDにおける子音の発音は、すべて ㅏ（ア）という母音をつけて行なっています（しくみ9〜しくみ12）。
‖注2‖ ㄱㄷがそれぞれ [g][d] と発音される場合があります。**21** 参照。

しくみ10　基本子音 ❷

10a

ㅂ ：[p] の音

10b

ㅅ ：[s] [ʃ] の音

10c

ㅈ ：[tʃ] の音

10d

ㅎ ：[h] の音

10e

ㅇ ：[ŋ] の音／音を出さない印

（ング／パッチム（しくみ15）に来たとき）

これはCDでは発音していません。
ㅏ(ア)をつけると アという母音になってしまうからです。

‖ 注1 ‖ 音を出さない印とは、母音字の前についてその母音をそのまま読むことを表わす印のこと。**8** 参照。
‖ 注2 ‖ ㅂ ㅈ がそれぞれ [b][dʒ] と発音される場合があります。**21** 参照。
‖ 注3 ‖ 語中での ㅎ [h] の音は限りなく弱くなる場合が多くあります。

しくみ 11 基本子音❸ 激音

激音とは、のど・舌・唇で音を強烈に破裂させ、激しい息を吐き出しながら発する音です。のどや舌や唇にひっかかっている物を口の外に吐き出すような感じで発音してください。

11a

ヲ ＝ ㄱ ＋ ー ： [k] の激音

11b

ㅌ ＝ ㄷ ＋ ー ： [t] の激音

11c

ㅍ ＝ ㅂ の変形 ： [p] の激音

11d

ㅊ ＝ ㅈ ＋ ˉ ： [tʃ] の激音

しくみ12　濃音

濃音とは、発音するときに息が全く出ない音です。のどを極度に緊張させ、力を入れてのどを閉じるかのように締め付けて発音してください。口の前にティシュを当てて練習してみましょう。濃音はいくら大きな音で発音しても、ティシュは全く動きません。少しでも動いたらそれは間違った発音です。

12a
ㄲ = ㄱ + ㄱ ：[k]の濃音

까 は「うっかり」の「か」の音。

12b
ㄸ = ㄷ + ㄷ ：[t]の濃音

따 は「はったり」の「た」の音

12c
ㅃ = ㅂ + ㅂ ：[p]の濃音

빠 は「やっぱり」の「ぱ」の音。

12d
ㅆ = ㅅ + ㅅ ：[s] [ʃ]の濃音

싸 は「あっさり」の「さ」の音。

12e
ㅉ = ㅈ + ㅈ ：[tʃ]の濃音

짜 は「うっちゃり」の「ちゃ」の音。

しくみ13　子音のおさらい

[基本の音]　ㄱ　ㄷ　ㅂ　ㅅ　ㅈ　　ㄴ　ㄹ　ㅁ　ㅎ　ㅇ
　　　　　　↓　↓　↓　↓　↓

[激　音]　　ㅋ　ㅌ　ㅍ　なし　ㅊ
　　　　　　↓　↓　↓　↓　↓

[濃　音]　　ㄲ　ㄸ　ㅃ　ㅆ　ㅉ

子音に母音をつけてハングルをつくり、発音してみましょう。

【1】ㅏをつける

가ヵ　다ﾀ　바ﾊﾞ　사ｻ　자ﾁｬ　나ﾅ　라ﾗ　마ﾏ　하ﾊ　아ｱ

카ヵ　타ﾀ　파ﾊﾟ　なし　차ﾁｬ　…激音

까ヵ　따ﾀ　빠ﾊﾟ　싸ｻ　짜ﾁｬ　…濃音

【2】ㅗをつける

고ｺ　도ﾄ　보ﾎﾟ　소ｿ　조ﾁｮ　노ﾉ　로ﾛ　모ﾓ　호ﾎ　오ｵ

코ｺ　토ﾄ　포ﾎﾟ　なし　초ﾁｮ　…激音

꼬ｺ　또ﾄ　뽀ﾎﾟ　쏘ｿ　쪼ﾁｮ　…濃音

しくみ14　日本語をハングルで書いてみる

いろいろな日本語をハングルで表現してみましょう。

가와	소라	야마	모리
ka wa	so ra	ya ma	mo ri

우미	구모	아메	하레
u mi	ku mo	a me	ha re

(日本語のエを表わすにはㅐではなくㅔを用います。)

네코	이누	도라	헤비
ne ko	i nu	to ra	he bi

유비	아시	미미	구비
yu bi	a shi	mi mi	ku bi

(시はsiでなくshiとなります。)

나스	이모	마메	네기
na su	i mo	ma me	ne gi

(日本語のスは수ではなく스と書くように決まっています。)

이에	니와	야네	헤야
i e	ni wa	ya ne	he ya

‖注1‖　「ねこ」を「네고」と書かない理由は、ㄱは母音にはさまれるときには[g]の発音なってしまうという法則があるからです。ですから「네고」は「ねご」と読むことになります。くわしくは、**21** 参照。

‖注2‖　「헤비」「구비」をそれぞれ「へぴ」「くぴ」と読まない理由も同じで、ㅂは母音にはさまれるときには[b]の発音になってしまうからです。くわしくは、**21** 参照。

しくみ 15　パッチム

文字の一番下にあって文字全体を支えている部品（字母）をパッチムと言います。
1つの文字・音節が子音で終わることが、韓国語においては大変多いのです。
この最後の子音を終声と言います。

곰　コム／熊

という言葉において、ㅁがパッチムであり、終声です。
このㅁの発音は、[mu]ではなく[m]であることに注意してください。
[komu]と発音してはいけません。[kom]が正しい発音です。

＊正確には長音です。

同様に、

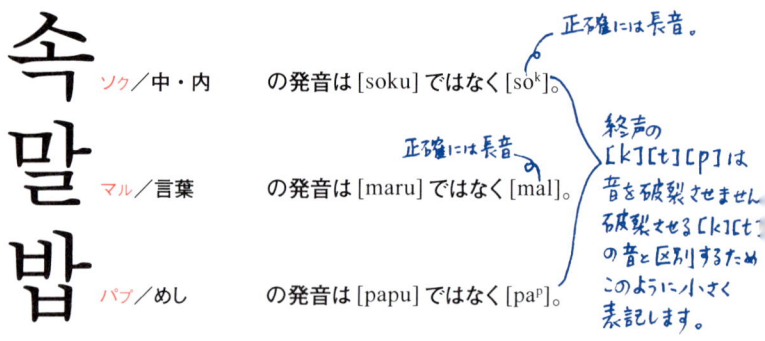

속　ソク／中・内　　の発音は[soku]ではなく[so^k]。

＊正確には長音。

말　マル／言葉　　　の発音は[maru]ではなく[mal]。

＊正確には長音

밥　パプ／めし　　　の発音は[papu]ではなく[pa^p]。

終声の[k][t][p]は音を破裂させません。破裂させる[k][t]の音と区別するためこのように小さく表記します。

また、終声のㅇは[ŋ]と発音されます。 **10e** 参照。

「富士山へ行きます」の「さんへ」の発音です。

방　パン／部屋　　　の発音は[pan]ではなく[paŋ]です。

★ 発音のカタカナ表記で小文字の部分は、
　　母音を入れずに発音する部分です。

しくみ16　文字のつくり方のパターン

母音の字母と子音の字母は、次のパターンで組み合わせます。

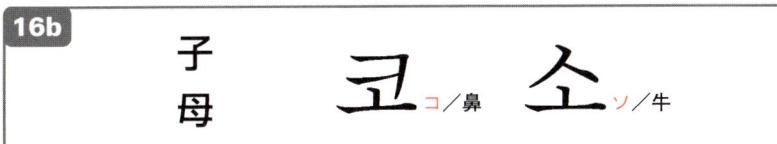

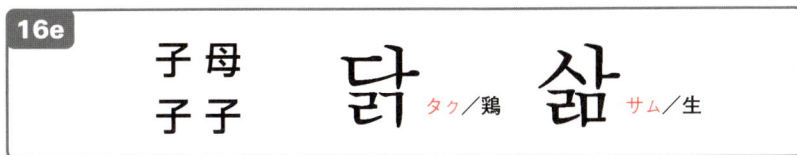

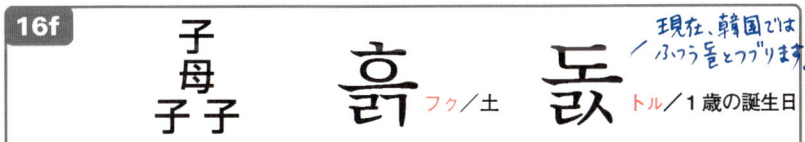

‖注‖ 16e および 16f のように、パッチムが2つある場合にどちらの子音を発音するかは、20 の法則にしたがいます。

しくみ 17　カナダラマ

次の呪文のような音を繰り返し発音して、覚えてしまってください。

17

가나다라마
바사아자차
카타파하

カナダラマ
パサアジャチャ
カタパハ

かなだらま
ぱさあじゃちゃ
かたぱは

> 母音にはさまれているのでㄷは[da]、ㅈは[dʒa]と読みます。しくみ21参照。

> ただしこれのように語頭に来たときは母音にはさまれないので、[ba]ではなく[pa]と読むことになります。

このカナダラマは、ハングルの「あかさたな」です。辞書の言葉もこの順番で並んでいますので、ぜひこれを覚える必要があるのです。

しくみ18　反切表

日本語の五十音図に当たるものが、反切表(はんせつひょう)です。次の反切表は、基本母音10個と基本子音+激音14個の組み合わせでつくられたものです。

【1】	가ヵ	갸キャ	거コ	겨キョ	고コ	교キョ	구ク	규キュ	그ク	기キ
【2】	나ナ	냐ニャ	너ノ	녀ニョ	노ノ	뇨ニョ	누ヌ	뉴ニュ	느ヌ	니ニ
【3】	다タ	댜ティヤ	더ト	뎌ティヨ	도ト	됴ティヨ	두トゥ	듀ティユ	드トゥ	디ティ
【4】	라ラ	랴リャ	러ロ	려リョ	로ロ	료リョ	루ル	류リュ	르ル	리リ
【5】	마マ	먀ミャ	머モ	며ミョ	모モ	묘ミョ	무ム	뮤ミュ	므ム	미ミ
【6】	바パ	뱌ピャ	버ポ	벼ピョ	보ポ	뵤ピョ	부プ	뷰ピュ	브プ	비ピ
【7】	사サ	샤シャ	서ソ	셔ショ	소ソ	쇼ショ	수ス	슈シュ	스ス	시シ
【8】	아ア	야ヤ	어ォ	여ヨ	오ォ	요ヨ	우ゥ	유ユ	으ゥ	이ィ
【9】	자チャ	쟈チャ	저チョ	져チョ	조チョ	죠チョ	주チュ	쥬チュ	즈チュ	지チ
【10】	차チャ	챠チャ	처チョ	쳐チョ	초チョ	쵸チョ	추チュ	츄チュ	츠チュ	치チ
【11】	카ヵ	캬キャ	커コ	켜キョ	코コ	쿄キョ	쿠ク	큐キュ	크ク	키キ
【12】	타タ	탸ティヤ	터ト	텨ティヨ	토ト	툐ティヨ	투トゥ	튜ティユ	트トゥ	티ティ
【13】	파パ	퍄ピャ	퍼ポ	펴ピョ	포ポ	표ピョ	푸プ	퓨ピュ	프プ	피ピ
【14】	하ハ	햐ヒャ	허ホ	혀ヒョ	호ホ	효ヒョ	후フ	휴ヒュ	흐フ	히ヒ

‖注1‖ カタカナの発音表記は大体の音を表わしたものであり、実際の音はカタカナでは正確には表わしきれません。

‖注2‖ 一番左の行の「カナタラマパサアチャチャカタパハ」の音がなぜ 17 の音と微妙に違うかは、 21 を参照。

ステップ1　ハングルのパターンに慣れよう

しくみ19　連音化

> パッチムのことです。

19　連音化＝終声の子音の後に母音が来ると、
　　　　子音と母音はつながって発音される。

19a　パッチムが2つある語の後に母音が来るときは、
　　　　2つのパッチム（終声）は両方とも発音される。

19b　パッチムのㅎの次に母音が来た場合、
　　　　ㅎの発音は脱落する。

《しくみを使ってみよう》

	スペル	実際の発音		
【1】	믿음	미듬	ミドゥム／信仰	19
【2】	낮에	나제	ナジェ／昼に	19
【3】	앞으로	아프로	アップロ／今後	19
【4】	넋이	넉씨	ノクシ／魂が	19a
【5】	넓이	널비	ノルビ／広さ	19a
【6】	좋아	조아	チョア／良くて	19b
【7】	많이	마니	マーニ／たくさん	19b

【4】【5】パッチムが2つある場合。
【6】【7】ㅎのパッチムの場合。

2つのパッチムの次に母音が来るときは、
2つのパッチムのうちまず左を読んで、次に右を読みます。

しくみ20　終声の発音

終声として発音される音は ㄱ [k]、ㄴ [n]、ㄷ [t]、ㄹ [l]、ㅁ [m]、ㅂ [p]、ㅇ [ŋ] の7つ。2つの字母からなるパッチムは、その2つのうちのどちらか1つの音で読む。

ㄱ [k] と読むもの：ㄱ、ㄲ、ㅋ、ㄱㅅ、ㄹㄱ
ㄴ [n] と読むもの：ㄴ、ㄴㅈ、ㄴㅎ
ㄷ [t] と読むもの：ㄷ、ㅅ、ㅆ、ㅈ、ㅊ、ㅌ、ㅎ
ㄹ [l] と読むもの：ㄹ、㉠ㄹㄱ、ㄹㅂ、ㄹㅅ、ㄹㅌ、ㄹㅎ
ㅁ [m] と読むもの：ㅁ、ㄹㅁ
ㅂ [p] と読むもの：ㅂ、ㅍ、ㅂㅅ、㉠ㄹㅂ、ㄹㅍ
ㅇ [ŋ] と読むもの：ㅇ

※ ㄹㄱ：用言で [k] の前に来たとき。
※ ㄹㅂ：例外的。밟다 など。

《しくみを使ってみよう》

	スペル	実際の発音		
【1】	삯	삭	サク／賃金	20
【2】	닭	닥	タク／鶏	20
【3】	앉다	안따	アンタ／すわる	20
【4】	많다	만타	マーンタ／多い	20
【5】	넓다	널따	ノルタ／広い	20
【6】	핥다	할따	ハルタ／舐める	20
【7】	젊다	점따	チョムタ／若い	20
【8】	값	갑	カプ／値段	20
【9】	밟다	밥따	パプタ／踏む	20
【10】	읊다	읍따	ウプタ／詠ずる	20

しくみ21　有声音化

> **21**　ㄱㄷㅂㅈは母音にはさまれるとき、およびㄴㅁㄹㅇの後に来るときは、それぞれ [g][d][b][dʒ]と発音される。

※ㄴㅁㄹㅇがパッチムの場合です

《しくみを使ってみよう》

【1】	고기	コギ／肉	베개	ペゲ／枕
【2】	연기	ヨンギ／煙・演技	끈기	クンギ／根気
【3】	감기	カムギ／風邪	남기다	ナムギダ／残す
【4】	날개	ナルゲ／翼	딸기	タルギ／苺
【5】	공기	コンギ／空気	생각	センガク／考え
【6】	바다	パダ／海	아들	アドゥル／息子
【7】	반도	パンド／半島	가운데	カウンデ／真ん中
【8】	검도	コムド／剣道	감독	カムドク／監督
【9】	열다	ヨルダ／開ける	살다	サルダ／生きる・暮らす
【10】	공동	コンドン／共同	명동	ミョンドン／明洞（地名）
【11】	바보	パーボ／馬鹿	제비	チェビ／燕
【12】	빈부	ピンブ／貧富	건배	コンベ／乾杯
【13】	담배	タムベ／煙草	함부로	ハムブロ／むやみに
【14】	할부	ハルブ／分割払い	돌보다	トルボダ／手伝う・世話をする
【15】	정보	チョンボ／情報	공부	コンブ／勉強
【16】	바지	パジ／ズボン	시장	シジャン／市場
【17】	건조	コンジョ／乾燥	만족	マンジョク／満足
【18】	남자	ナムジャ／男	감정	カムジョン／感情
【19】	정정	チョンジョン／訂正	방정식	パンジョンシク／方程式

しくみ22　濃音化

22 ある音がある音に接続すると、濃音になる。たとえば次のとき。

22aのほかにも濃音化する場合がいくつかあります。

22a [ᵏ][ᵗ][ᵖ] の終声の次に ㄱ ㄷ ㅂ ㅅ ㅈ が続くとき。

[ᵏ][ᵗ][ᵖ] の発音となる終声については **20** 参照

《しくみを使ってみよう》

	スペル	実際の発音			
【1】	학교	학꾜	ハッキョ／学校	●	22a
【2】	식당	식땅	シクタン／食堂	●	22a
【3】	학번	학뻔	ハクポン／学番	●	22a
【4】	목숨	목쑴	モクスム／命	●	22a
【5】	낙지	낙찌	ナクチ／蛸	●	22a
【6】	꽃가루	꼳까루	コッカル／花粉	●	22a
【7】	있다	읻따	イッタ／ある・いる	●	22a
【8】	맞벌이	맏뻐리	マッポリ／共稼ぎ	●	22a
【9】	햇살	핻쌀	ヘッサル／陽差し	●	22a
【10】	낮잠	낟짬	ナッチャム／昼寝	●	22a
【11】	합격	합껵	ハプキョク／合格	●	22a
【12】	합동	합똥	ハプトン／合同	●	22a
【13】	합병	합뼝	ハプピョン／合併	●	22a
【14】	합성	합썽	ハプソン／合成	●	22a
【15】	합작	합짝	ハプチャク／合作	●	22a

学番：大学の入学年度のことです。

しくみ 23　激音化

23　ある音がある音に接続すると、激音になる。たとえば次のとき。

— 23a, 23b 以外にもあります。

23a　[ᵏ][ᵗ][ᵖ] の終声の次に ㅎ が続くとき。
[ᵏ][ᵗ][ᵖ] の発音となる終声については **20** 参照

23b　ㅎ ㄶ ㅀ に ㄱ ㄷ ㅈ が続くとき。

《しくみを使ってみよう》

	スペル	実際の発音		
【1】	축하	추카	チュッカ／祝賀	23a
【2】	못하다	몯타다	モッタダ／できない	23a
【3】	입학	이팍	イパク／入学	23a
【4】	좋고	조코	チョーッコ／良くて	23b
【5】	좋다	조타	チョーッタ／良い	23b
【6】	좋지	조치	チョーッチ／良いよ	23b
【7】	많고	만코	マーンコ／多くて	23b
【8】	많다	만타	マーンタ／多い	23b
【9】	많지	만치	マーンチ／多いよ	23b
【10】	옳고	올코	オルコ／正しくて	23b
【11】	옳다	올타	オルタ／正しい	23b
【12】	옳지	올치	オルチ／正しいよ	23b

しくみ 24　鼻音化

鼻音とは、鼻から息が抜ける音で、ㄴ ㅁ ㅇ の音です。

24　ある音がある音に接続すると、鼻音（ㄴ ㅁ ㅇ）になる。たとえば次のようなとき。

24a
[k] + ㄴ / ㅁ = ㅇ + ㄴ / ㅁ　（または）
[t] + ㄴ / ㅁ = ㄴ + ㄴ / ㅁ
[p] + ㄴ / ㅁ = ㅁ + ㄴ / ㅁ　（または）

実際の発音

24b
ㅁ + ㄹ = ㅁ + ㄴ
ㅇ + ㄹ = ㅇ + ㄴ
ㄱ + ㄹ = ㅇ + ㄴ
ㅂ + ㄹ = ㅁ + ㄴ

これらは漢字語の場合です。

スペル　実際の発音

《しくみを使ってみよう》

	スペル	実際の発音			
【1】	읽는	잉는	インヌン／読む〜（連体形 53c）	24a	←[k]+ㄴ
【2】	식물	싱물	シンムル／植物	24a	←[k]+ㅁ
【3】	받는	반는	パンヌン／受ける〜（連体形 53c）	24a	←[t]+ㄴ
【4】	밭만	반만	パンマン／畑だけ	24a	←[t]+ㅁ
【5】	합니다	함니다	ハムニダ／します	24a	←[p]+ㄴ
【6】	입맞춤	임맏춤	イムマッチュム／口づけ	24a	←[p]+ㅁ
【7】	염려	염녀	ヨムニョ／心配・気遣い	24b	←ㅁ+ㄹ
【8】	등록	등녹	トゥンノク／登録	24b	←ㅇ+ㄹ
【9】	독립	동닙	トンニプ／独立	24b	←ㄱ+ㄹ
【10】	협력	혐녁	ヒョムニョク／協力	24b	←ㅂ+ㄹ

しくみ25　舌側音化

25
終声の [n] + ㄹ = ㄹ + ㄹ
終声の [l] + ㄴ = ㄹ + ㄹ

[n][l] の発音となる終声については **20** 参照

実際の発音

《しくみを使ってみよう》

	スペル	実際の発音			
[1]	논리	놀리	ノルリ／論理	25	←[n]+ㄹ
[2]	신라	실라	シルラ／新羅	25	←[n]+ㄹ
[3]	관람	괄람	クァルラム／観覧	25	←[n]+ㄹ
[4]	권리	궐리	クォルリ／権利	25	←[n]+ㄹ
[5]	설날	설랄	ソルラル／元日	25	←[l]+ㄴ
[6]	칼날	칼랄	カルラル／刃	25	←[l]+ㄴ
[7]	불나다	불라다	ブルラダ／火事が起こる	25	←[l]+ㄴ
[8]	핥는다	할른다	ハルルンダ／「舐める」の下称形 81d	25	←[l]+ㄴ
[9]	끓는다	끌른다	クルルンダ／「沸く」の下称形 81d	25	←[l]+ㄴ

しくみ26　口蓋音化

> **26** 終声のㄷ、ㅌに이が続くとそれぞれ ㊗ㅈ、㊗ㅊと発音される。

母音にはさまれるので [dʒ]という発音になります。
[tʃ]の激音です。

《しくみを使ってみよう》

	スペル	実際の発音		
[1]	굳이	구지	クジ／あえて	26 ←ㄷ+이
[2]	맏이	마지	マジ／長子	26 ←ㄷ+이
[3]	씨받이	씨바지	シバジ／子種をとるための代理母	26 ←ㄷ+이
[4]	같이	가치	カッチ／一緒に	26 ←ㅌ+이
[5]	붙이다	부치다	プッチダ／つける	26 ←ㅌ+이
[6]	낱낱이	난나치	ナンナッチ／ひとつひとつ	26 ←ㅌ+이

ステップ2
いちばんやさしいパターン

しくみ27　韓国語の語順

27
韓国語の語順＝日本語の語順

韓国語の言葉の並べかたは、日本語と全く同じでカンタン！

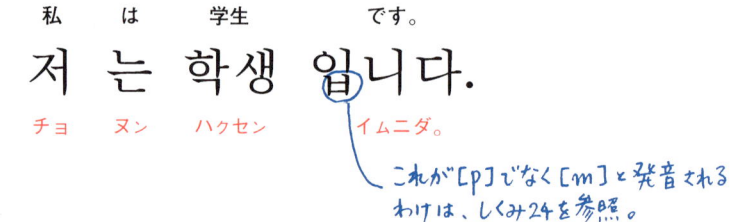

私　　　は　　　学生　　　　です。
저　는　학생　입니다.
チョ　　　ヌン　　　ハクセン　　　イムニダ。

これが[p]でなく[m]と発音される
わけは、しくみ24を参照。

頭の中で語順を入れ換える必要なしに、そのまま機械的に単語を置き換えてゆけばよいのです。

しくみ 28　語幹と語尾

韓国語の用言（動詞・形容詞など）には語幹というものがあります。
これは木で言えば幹のようなものです。　「形容動詞」という概念は韓国語にはありません。

> **28a**
> 語幹＝用言の原形から다をとったもの

> **28b**
> 語尾など＝語幹などに接続する部分

原形とは、辞書に出ているかたちです。
用言の原形は必ず「다」で終わっています。

《しくみを使ってみよう》　枠で囲んだ部分が語幹です。

【1】動詞

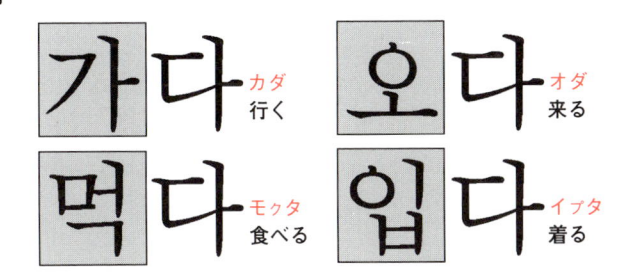

가다　カダ　行く
오다　オダ　来る
먹다　モクタ　食べる
입다　イプタ　着る

【2】形容詞

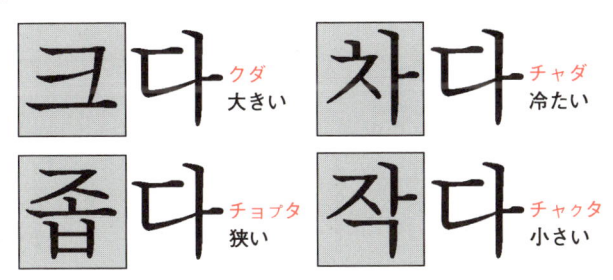

크다　クダ　大きい
차다　チャダ　冷たい
좁다　チョプタ　狭い
작다　チャクタ　小さい

しくみ29　母音語幹と子音語幹

語幹には母音語幹と子音語幹の区別があります。
この区別は用言を活用するときに必要なのです。

29a

母音語幹＝語幹が母音で終わるもの

29b

子音語幹＝語幹が子音で終わるもの

《しくみを使ってみよう》

【1】母音語幹／動詞

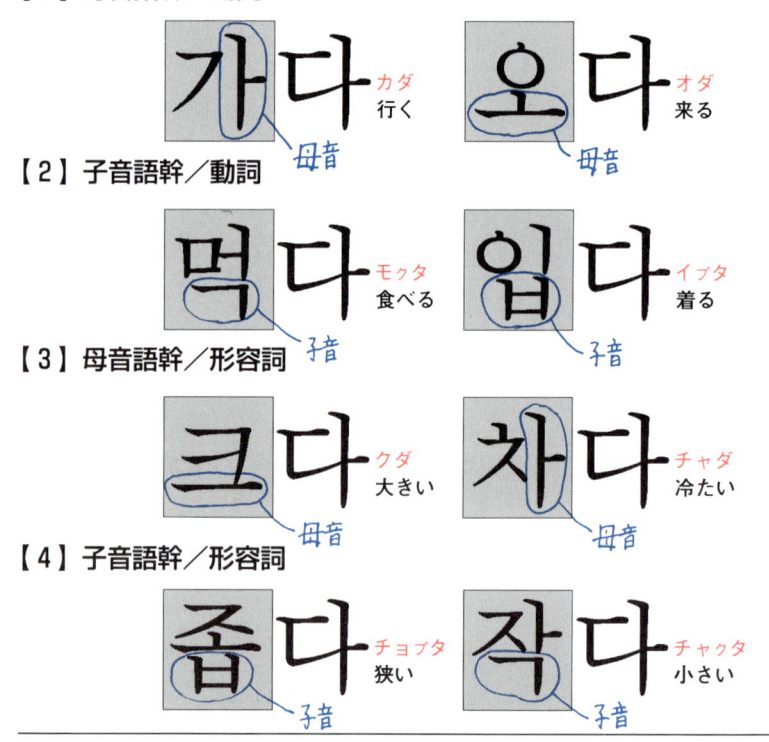

가다　カダ　行く　母音
오다　オダ　来る　母音

【2】子音語幹／動詞

먹다　モクタ　食べる　子音
입다　イプタ　着る　子音

【3】母音語幹／形容詞

크다　クダ　大きい　母音
차다　チャダ　冷たい　母音

【4】子音語幹／形容詞

좁다　チョプタ　狭い　子音
작다　チャクタ　小さい　子音

しくみ30　かしこまったていねいな語尾

「〜ます（動詞）」「〜です（形容詞）」という表現です。

やや かたくるしくて 公式的な言い方です。

30a
[母音語幹+] ㅂ니다

ㄹ語幹(しくみ89)のときはㄹが脱落してㅂ니다がつきます。
ムニダ

30b
[子音語幹+] 습니다　スムニダ

습니다の発音がスプニダではなくスムニダとなる理由は、**24a** 参照。

《しくみを使ってみよう》

[1] 갑니다.
　カムニダ
　行きます。

　母音語幹
　가 ㅂ니다.
　●가다 + **30a**

[2] 먹습니다.
　モクスムニダ。
　食べます。

　子音語幹
　먹 습니다.
　●먹다 + **30b**

[3] 큽니다.
　クムニダ。
　大きいです。

　母音語幹
　크 ㅂ니다.
　●크다 + **30a**

[4] 작습니다.
　チャクスムニダ。
　小さいです。

　子音語幹
　작 습니다.
　●작다 + **30b**

ソウルでひとこと　30 / タクシーに乗る …ロッテホテル、お願いします。……………… P114

しくみ31　かしこまったていねいな疑問の語尾

動詞・形容詞などの用言の語幹に次のものをつけると、「～(し)ますか？」「～ですか？」という言い方になります。　しくみ30と同様、これもややかたくるしい表現です。

31a　[母音語幹+] ㅂ니까？　ㄹ語幹(しくみ89)のときはㄹが脱落してㅂ니까？ムニカ　がつきます。

31b　[子音語幹+] 습니까？　スムニカ

《しくみを使ってみよう》

[1] 옵니까？
オムニカ？
来ますか？

母音語幹
오 ㅂ니까？
●오다 + 31a

[2] 먹습니까？
モクスムニカ？
食べますか？

子音語幹
먹 습니까？
●먹다 + 31b

[3] 큽니까？
クムニカ？
大きいですか？

母音語幹
크 ㅂ니까？
●크다 + 31a

[4] 작습니까？
チャクスムニカ？
小さいですか？

子音語幹
작 습니까？
●작다 + 31b

ソウルでひとこと　31 / バスの停留所で… ソウル駅、行きますか？ ………………………… P114

しくみ32　陽母音と陰母音

韓国語の母音には陽母音と陰母音の区別があります。
この区別は、用言の活用のときなどに必要なので重要です。

32a

陽母音＝ ㅏㅏ　ㅑㅑ　ㅗㅗ　の3つ
（用言の活用のとき）

32b

陰母音＝陽母音以外の母音

しくみ33　陽語幹と陰語幹

語幹には陽語幹と陰語幹の区別があります。
これも、用言の活用のときなどに必要なので重要です。

33a

陽語幹＝語幹の最後の母音が陽母音

33b

陰語幹＝語幹の最後の母音が陰母音

しくみ34　うちとけたていねいな語尾

30 31 よりも身近でやさしい感じのていねいな表現です。
平叙文にも疑問文にも使えます。

34a
[陽語幹+] 아요　アヨ

34b
[陰語幹+] 어요　オヨ

《しくみを使ってみよう》

[1] 어디서 팔아요?
　　オディソ　パラヨ？
　どこ で　売ってますか？

陽語幹
팔 아요?
● 팔다 + 34a
　売る

疑問文のときは？をつけ
語尾を上げて発音します

[2] 아주 높아요.
　　アジュ　ノッパヨ。
　とても
　（高さが）とても高いです。

陽語幹
높 아요.
● 높다 + 34a
　高い

[3] 많이 먹어요.
　　マーニ　モゴヨ。
　たくさん
　たくさん食べます。

陰語幹
먹 어요.
● 먹다 + 34b
　食べる

[4] 여기서 멀어요?
　　ヨギソ　モロヨ？
　ここから
　ここから遠いですか？

陰語幹
멀 어요?
● 멀다 + 34b
　遠い

ソウルでひとこと
34 / 宗教を尋ねられる… キリスト教、信じますか? P115

しくみ35　いる／ある

人間にも、動物にも、物にも、「存在する」場合は同じ「있다 イッタ」を使います。

35

있다 イッタ

ㅆは[ㄷ]と読みます。
しくみ20参照。

《しくみを使ってみよう》

【1】있습니다.
イッスムニダ。
います。／あります。

子音語幹
있 습니다.
● 35 + 30b

【2】있습니까?
イッスムニカ？
いますか？／ありますか？

子音語幹
있 습니까?
● 35 + 31b

【3】일본은　있다.
　　日本　～は
イルボヌン　　イッタ。
日本はある。

있다.
● 35

‖注‖ 은（～は）は 41b 参照。

있다！
있습니까？

ソウルでひとこと　35 / 和食レストラン、ありますか？… 和食の店、ありますか？ ……………… P115

しくみ 36　いない／ない

人間・生物・非生物いずれの場合でも、「不存在」を表わします。
35　36 は存在に関する言葉なので、あわせて「存在詞」と呼びます。

36
없다
オプタ

《しくみを使ってみよう》

[1] 없습니다.
オプスムニダ。
いないです。／ありません。

子音語幹
없 습니다.
36 + 30b

[2] 없습니까?
オプスムニカ？
いないですか？／ありませんか？

子音語幹
없 습니까?
36 + 31b

[3] 일본은 없다.
イルボヌン　オプタ。
日本はない。

없다.
36

（元KBS＝韓国放送公社の東京特派員が書いたベストセラーのタイトル。学ぶべき日本はない、日本には未来もない、という「日本憎し」のメッセージが韓国人に大いに受けた）

ソウルでひとこと　36 / どんなホテル？… オンドル部屋、ありませんか？ ……………………… P116

しくみ37　1人称／2人称／3人称

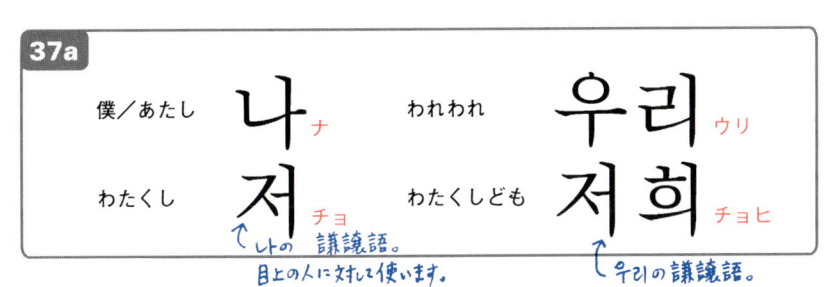

37a

| 僕／あたし | 나 (ナ) | われわれ | 우리 (ウリ) |
| わたくし | 저 (チョ) | わたくしども | 저희 (チョヒ) |

저 → 나の謙譲語。目上の人に対して使います。
저희 → 우리の謙譲語。

37b

| おまえ／君 | 너 (ノ) | おまえたち／君たち | 너희 (ノヒ) |
| 君 | 자네 (チャネ) | 君たち | 자네들 (チャネドゥル) |

37c

| 彼 | 그 (ク) | 彼ら | 그들 (クドゥル) |
| 彼女 | 그녀 (クニョ) | 彼女ら | 그녀들 (クニョドゥル) |

나はくだけた1人称で、対等か目下の相手に対して使い、目上の相手には使えません。
2人称は、対等か目下の相手に使う너以外は基本的にあまり使われません。
3人称も、あまり一般的ではありませんので、使うときは注意が必要です。

人称はヘタに使うと相手の気分を害するので要注意です。

しくみ38　〜だ／〜である

38

〜이다 イダ

《しくみを使ってみよう》

【1】日本人 **일본사람**입니다.　　　일본사람 이 ㅂ니다.　〜だ／ていねいな語尾
イルボンサラムイムニダ。
日本人です。
速く発音すればサラミムニダとなります。
● 일본사람 + 38 + 30a

【2】韓国人 **한국사람**입니까?　　　한국사람 이 ㅂ니까? 〜だ／ていねいな疑問の語尾
ハングクサラムイムニカ？
韓国人ですか？
● 한국사람 + 38 + 31a

【3】学生 **학생**이에요?　　　학생 이 에요? 〜だ
ハクセンイエヨ？
学生ですか？
● 학생 + 38 + 에요

【4】会社員 **회사원**이에요.　　　회사원 이 에요. 〜だ
フェサウォンイエヨ。
会社員です。
速く発音すればフェサウォニエヨとなります。
● 회사원 + 38 + 에요

〜이다にうちとけたていねいな語尾（しくみ34）が続くと、〜이에요というかたちになります。

ソウルでひとこと　38 / このお茶、何ですか？ … 人蔘茶です。 ……………………… P116

しくみ39　～でない（体言の否定）

名詞などを否定する表現です。 40 と混同しないように。
なお、 38 の이다と 39 の아니다はともに、「～である」「～でない」と体言を指定しているので、あわせて「指定詞」と呼びます。

39a
[母音体言+] 가 아니다　ガ　アニダ
　↑母音で終わる体言

39b
[子音体言+] 이 아니다　イ　アニダ
　↑子音で終わる体言

《しくみを使ってみよう》

【1】 이치로가 아니다.　　　　　　母音体言
　　　イチローガ　　アニダ。　　이치로 가 아니다.
　　イチローではない。　　　　　●이치로 + 39a

【2】 범인이 아니다.　　　　　　　子音体言
　　　（犯人）
　　　ポミニ　　　アニダ。　　범인 이 아니다.
　　犯人ではない。　　　　　　●범인 + 39b

【3】 이치로가 아닙니다.　　　　母音語幹　　ていねいな語尾
　　　イチローガ　　アニムニダ。　　이치로 가 아니 ㅂ니다.
　　イチローではありません。　　●이치로 + 39a + 30a

【4】 범인이 아닙니다.　　　　　母音語幹　　ていねいな語尾
　　　ポミニ　　　アニムニダ。　　범인 이 아니 ㅂ니다.
　　犯人ではありません。　　　●범인 + 39b + 30a

ソウルで
ひとこと　　39 / 夕食のメニュー… いいえ、カルビではありません。 ………………………… P117

しくみ 40　〜ない／〜くない（用言の否定）

行かない／辛くない　など、用言（動詞・形容詞など）の否定の言い方です。
39 と混同しないようにしてください。
40a よりも 40b のほうがくだけた表現です。

40a

[用言語幹+] 지 않다　チ／ジ アンタ

40b

안　アン　[+用言]

《しくみを使ってみよう》

[1] 오지 않습니다.　오 지 않 습니다.　否定
　　オジ　アンスムニダ。　　●오다 + 40a + 30b
　　来ません。

[2] 안 옵니다.　안 오 ㅂ니다.　否定
　　アノムニダ。　ゆっくり発音すれば　●40b + 오다 + 30a
　　来ません。　アンオムニダ　となります。

[3] 울지 않아요.　울 지 않 아요.　否定
　　ウルジ　アナヨ。　　●울다 + 40a + 34a
　　泣きません。　　　　　　泣く

[4] 안 울어요.　안 울 어요.　否定
　　アヌロヨ。　ゆっくり発音すれば　●40b + 울다 + 34b
　　泣きません。　アンウロヨとなります。

> ソウルでひとこと
> 40 / 犬肉鍋を食べに… いつか一度、補身湯の店に行かない? P117

しくみ41　～は

41a

[母音体言 +] 는　ヌン

41b

[子音体言 +] 은　ウン

《しくみを使ってみよう》

[1] 야구선수는 큽니다.　　야구선수 는
　　ヤグソンスヌン　　クムニダ。　　●야구선수 + 41a
　　野球選手は大きいです。
　　（野球選手）（母音体言）

[2] 형은 바쁩니다.　　　　형 은
　　ヒョンウン　　パプムニダ。　　●형 + 41b
　　兄は忙しいです。　　바쁘다＝忙しい
　　（兄）（子音体言）

ソウルでひとこと　41 / 私は日本人です… 私は日本人です。………………………… P118

しくみ42　〜が

42a

[母音体言＋] 가 ガ

42b

[子音体言＋] 이 イ

《しくみを使ってみよう》

[1] <u>남자</u>가 먹습니다.　　母音体言
　　男
　ナムジャガ　　モクスムニダ。　　남자 가
　男が食べます。　　　　　　　　●남자 ＋ 42a

[2] <u>학생</u>이 갑니다.　　子音体言
　　学生
　ハクセンイ　　カムニダ。　　　학생 이
　学生が行きます。　　　　　　●학생 ＋ 42b

★ 나（僕／あたし／私）に 가 がつくと 나가 ではなく 내가（僕が／あたしが／私が）というかたちになります。
また 너（おまえ／君）に 가 がつくと 너가 ではなく 네가（おまえが／君が）というかたちになります。

ソウルで
ひとこと　　42 ／ お腹が痛い… 薬がありますか? ……………………………… P118

しくみ43　〜を

43a

[母音体言 +]　를　ルル

43b

[子音体言 +]　을　ウル

《しくみを使ってみよう》

[1] 야구를 합니다.
　野球
　ヤグルル　　ハムニダ。
　野球をします。
　하다=する

　母音体言
　야구 를
　● 야구 + 43a

[2] 옷을 입습니다.
　服
　オスル　　イプスムニダ。
　服を着ます。
　입다=着る

　子音体言
　옷 을
　● 옷 + 43b

ソウルで
ひとこと　　43 / 飲み物を注文する… 私はコーヒーを下さい。　　　　P119

しくみ44 ～と

44a 口語体

하고 ハゴ

文章ではふつう使いません。

44b 文章体

[母音体言＋] 와 ワ

話しことばで使ってもかまいません。

44c 文章体

[子音体言＋] 과 クヮ

《しくみを使ってみよう》 発音はしくみ26参照

[1] 저하고 같이　　저 하고
　　チョハゴ　　カッチ
　　私と一緒に　　　　　　●저 ＋ **44a**

[2] 남자와 여자　　母音体言
　　ナムジャワ　　ヨジャ　　남자 와 여자
　　男と女　　　　　　　　●남자 ＋ **44b** ＋ 여자

[3] 몸과 마음　　子音体言
　　モムグヮ　　マウム　　몸 과 마음
　　体と心　　　　　　　　●몸 ＋ **44c** ＋ 마음

ソウルでひとこと　44／明日の予定は？… 景福宮と仁寺洞に行きます。……………… P119

しくみ 45 〜に

45a [人間や動物の場合] **에게** エゲ

45b [人間・動物以外の場合] **에** エ

45c 口語体 [人間・動物などに] **한테** ハンテ

《しくみを使ってみよう》

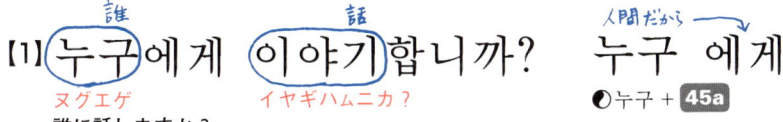

【1】 누구에게 이야기합니까?
ヌグエゲ　　　イヤギハムニカ？
誰に話しますか？

人間だから → 누구 에게
● 누구 + **45a**

【2】 서울에 갑니다.
ソウレ　　カムニダ。
ソウルに行きます。

場所だから → 서울 에
● 서울 + **45b**

【3】 친구한테 전화를 합니다.
チングハンテ　チョヌァルル　ハムニダ。
友達に電話をします。

話しことばで使います。
● 친구 + **45c**

ソウルでひとこと　45 / 免税店に行きます… 金曜日に日本に帰国しますか？ …… P120

しくみ46 ～から

46a　[場所の場合]　에서　エソ

46b　[時間の場合]　부터　プト

《しくみを使ってみよう》

어디에서は、縮まると어디서となります。

[1] 어디에서 옵니까?
　　オディエソ　　オムニカ？
　　どこから来ますか？

場所だから→ 어디 에서
●어디 + **46a**

[2] 어제부터 머리가 아프다.
　　オジェプト　モリガ　アプダ。
　　昨日から頭が痛い。

時間だから→ 어제 부터
●어제 + **46b**

ソウルでひとこと　46 / 映画を観る… この映画、今日からやるんですか? ……… P120

しくみ47 ～で（場所）

47 에서 エソ

《しくみを使ってみよう》

【1】역에서 기다립니다.
ヨゲソ　　　キダリムニダ。
駅で待ちます。

역 에서
●역 + 47

【2】집에서 공부를 합니다.
チベソ　　　コンブルル　　ハムニダ。
家で勉強をします。

집 에서
●집 + 47

★ ～에서は「～で」と「(場所)～から」というふたつの意味があるので、どちらの意味なのかは文脈で判断することになります。

ソウルでひとこと　47 / パンソリの公演 … パンソリの公演はどこでやりますか？ ……………… P121

しくみ48　〜まで

48

까지
カジ

「(時間)〜まで」も「(場所)〜まで」も同じ까지です。

《しくみを使ってみよう》

【1】어디까지 갑니까?
　　オディカジ　　カムニカ？
　　どこまで行きますか？

어디 까지
●어디 + 48

【2】언제까지 기다립니까?
　　オンジェカジ　　キダリムニカ？
　　いつまで待ちますか？

언제 까지
●언제 + 48

【3】거품까지 맛있다.
　　コプムカジ　　マシッタ。
　　泡までうまい。

거품 까지
●거품 + 48

ソウルでひとこと　48 / ホテルのフロントで… 水曜日までお泊まりですか？ ………………………… P121

しくみ49　～で／～として

手段・材料・道具・理由・方向・資格などを表わします。
(～で) (～で) (～で) (～で) (～の方へ) (～として)

49a

[母音または ㄹ で終わる体言+] 로 ロ

49b

[ㄹ以外の子音で終わる体言+] 으로 ウロ

《しくみを使ってみよう》

【1】 지하철(地下鉄)로 어디까지 갑니까?　　지하철 로
　　　チハチョルロ　　オディカジ　　カムニカ？　　●지하철 + **49a** (手段)
　　　地下鉄でどこまで行きますか？

【2】 무슨(何の) 일(用事)로 갑니까?　　　　　무슨 일 로
　　　ムスン　　イルロ　　カムニカ？　　　　●무슨 일 + **49a** (理由)
　　　何の用事で行きますか？

【3】 서울로 갑니까?　　　　　　　　　　　　서울 로
　　　ソウルロ　　カムニカ？　　　　　　　　●서울 + **49a** (方向)
　　　ソウルに行きますか？

ソウルで
ひとこと　　49 / 市場で服を買う… この服は何でつくるのですか? ……………………… P122

しくみ50　〜の

発音に注意してください。의の発音は本来「ウィ」ですが、所有の助詞のときは多くの場合、「エ」と発音されます。また日本語に比べ、「の」を省略する傾向が強いのも相違点です。

50

의　エ

《しくみを使ってみよう》

[1] **나라**의　힘
　　ナラエ　　ヒム
　　国の力

나라 의
● 나라 + **50**

[2] **남자**의　멋
　　ナムジャエ　　モッ
　　男の粋

남자 의
● 남자 + **50**

[3] **나**의　고향
　　ナエ　　コヒャン
　　私の故郷

나 의
● 나 + **50**

나의（僕の/あたしの/私の）は縮まると 내 となります。

ソウルでひとこと　50 / 自己紹介… はじめまして。ソウル商社のイ・ウヨンです。　P122

しくみ51　〜も

51
도　ト／ド

《しくみを使ってみよう》

【1】 이것도 비쌉니까?　　　　　　　이것 도
　　 イゴット　　ピッサムニカ？　　비싸다＝高い　　●이것 ＋ 51
　　 これも高いですか？

【2】 일본사람도 김치를 잘 먹어요.　일본사람 도
　　 イルボンサラムド　キムチルル　チャル モゴヨ。　●일본사람 ＋ 51
　　 日本人もキムチをよく食べます。

ソウルでひとこと　51 / 食べたり飲んだり… ユウコさんは韓国料理も好きですか? P123

しくみ 52　〜より

52 보다 ポダ

《しくみを使ってみよう》

【1】 일본보다 쌉니다.
　　 イルボンボダ　サムニダ
　　 싸다＝安い
　　 日本より安いです。

　　 일본 보다
　　 일본 + 52

【2】 냉면보다 맛있어요.
　　 ネンミョンボダ　マシッソヨ
　　 冷麺　맛있다＝おいしい
　　 冷麺よりおいしいです。

　　 냉면 보다
　　 냉면 + 52

【3】 나의 책도 그것보다 무겁습니다.
　　 ナエ　チェクト　クゴッボダ　ムゴプスムニダ
　　 本　それ　무겁다＝重い
　　 私の本もそれより重いです。

　　 그것 보다
　　 그것 + 52

ソウルでひとこと　52 / カバン屋さんで… このリュックよりあのカバンのほうが安いの？ ……… P123

ステップ3
これで基本的なパターンはすべてマスター！

しくみ53 いつも行く店（動詞の連体形）

連体形は、動詞や形容詞などを名詞や代名詞などの体言につなげるときの形です。現在連体形・過去連体形・未来連体形は、それぞれ現在形・過去形・未来形とは異なることに注意してください。

	現在連体形	過去連体形	未来連体形
53a 母音語幹	는 ヌン	ㄴ ン	ㄹ ル
53b ㄹ語幹	는 (ㄹは脱落)	ㄴ (ㄹは脱落)	語幹そのまま
53c 子音語幹	는	은 ウン	을 ウル

‖注‖ ㄹ語幹については、**89a** を参照。

《しくみを使ってみよう》

【1】늘 가는 가게
ヌル カヌン カゲ
いつも行く店

가 는 가게
● 가다 + **53a** 現在連体形 + 가게

【2】어제 간 가게
オジェ カン カゲ
きのう行った店

가 ㄴ 가게
● 가다 + **53a** 過去連体形 + 가게

【3】내일 갈 가게
ネイル カル カゲ
あした行く店

가 ㄹ 가게
● 가다 + **53a** 未来連体形 + 가게

ソウルでひとこと　53 / 明日行く場所…明日行くお寺はどんなところですか？ ……… P124

しくみ54　痛い傷（形容詞の連体形）

	現在連体形	過去連体形	未来連体形
54a 母音語幹	ㄴ (ン)	던 (トン/ドン)	ㄹ (ル)
54b ㄹ語幹	ㄴ (ㄹは脱落)	던	語幹そのまま
54c 子音語幹	은 (ウン)	던	을 (ウル)

《しくみを使ってみよう》

[1] 아픈 상처
　　アップン　サンチョ
　　痛い傷

　아프 ㄴ 상처　*母音語幹*
　● 아프다 + **54a** 現在連体形 + 상처

[2] 아프던 기억
　　アップドン　キオク
　　痛かった記憶

　아프 던 기억　*記憶*
　● 아프다 + **54a** 過去連体形 + 기억

[3] 아플 것이다.
　　アップル　コシダ。
　　痛いことだろう。

　아프 ㄹ 것이다.
　● 아프다 + **54a** 未来連体形 + 것이다

‖注‖ 「ㄹ 것이다」は「〜だろう」という推量・未来を表わす熟語（ **64** 参照）。

ソウルでひとこと　54 / もっと良い品物は？…もっと安いものはありませんか？ ………… P124

しくみ55　学生である私（指定詞・存在詞の連体形）

	現在連体形	過去連体形	未来連体形
55a 指定詞(이다 / 아니다)	ㄴ ン	던 ドン	ㄹ ル
55b 存在詞(있다 / 없다)	는 ヌン	던 トン	을 ウル

《しくみを使ってみよう》

【1】학생인 나　　　　　학생 이 ㄴ 나
　　ハクセンイン　ナ
　　学生である私
　● 학생 + 이다 + **55a** 現在連体形 + 나

【2】학생이던 시절　　　학생 이 던 시절
　　ハクセンイドン　シジョル
　　学生だった頃
　● 학생 + 이다 + **55a** 過去連体形 + 시절

【3】학생일 것이다.　　　학생 이 ㄹ 것이다.
　　ハクセンイル　コシダ。
　　学生だろう。
　● 학생 + 이다 + **55a** 未来連体形 + 것이다

【4】있는 그대로　　　　있 는 그대로
　　インヌン　クデロ
　　あるがままに
　● 있다 + **55b** 現在連体形 + 그대로

55 / 昨日あった品物…昨日ここにあったお皿、ありませんか? P125

しくみ 56　連体形のまとめ

		現在連体形	過去連体形	未来連体形
指定詞 (이다 / 아니다)		ㄴ	던	ㄹ
存在詞 (있다 / 없다)		는	던	을
形容詞	母音語幹	ㄴ	던	ㄹ
	ㄹ語幹	ㄴ (ㄹは脱落)	던	語幹そのまま
	子音語幹	은	던	을
動詞	母音語幹	는	ㄴ	ㄹ
	ㄹ語幹	는 (ㄹは脱落)	ㄴ (ㄹは脱落)	語幹そのまま
	子音語幹	는	은	을

語幹からㄹが脱落して、そこに未来連体形の語尾ㄹがついたかたちです。

しくみ57　[～아/어形] ❶

用言の語幹に아または어をつなげてつくる形を [～아/어形] と言うことにします。
これは連用形や過去形など、いろいろな場面に使われる形なので重要です。

57a　[陽語幹 +] 아 ア

57b　[陰語幹 +] 어 オ

《しくみを使ってみよう》

陽語幹、陰語幹については
しくみ33を参照。

【1】작아
　チャガ
　「小さい」の [～아形]

陽語幹
작 아
● 작다 + **57a**

【2】적어
　チョゴ
　「少ない」の [～어形]

陰語幹
적 어
● 적다 + **57b**

【3】막아
　マガ
　「防ぐ」の [～아形]

陽語幹
막 아
● 막다 + **57a**

【4】먹어
　モゴ
　「食べる」の [～어形]

陰語幹
먹 어
● 먹다 + **57b**

しくみ58 [〜아/어形] ❷ 変則

[〜아/어形] のつくり方には、次のようないくつかの変則があります。→これ以外にも用言の変則活用(ステップ4)においても変則的になります。

58a	[ㅏ + 아] ●가다：行く	ㅏ아とならずに語幹のみとなる。 가아ではなく가
58b	[ㅓ + 어] ●서다：立つ	ㅓ어とならずに語幹のみとなる。 서어ではなく서
58c	[ㅐ + 어] ●보내다：送る	ふつうは語幹のみとなる。 보내어よりもふつうは보내となる。
58d	[ㅔ + 어] ●거세다：強い	ふつうは語幹のみとなる。 거세어よりもふつうは거세となる。
58e	[ㅕ + 어] ●펴다：開く	ふつうは語幹のみとなる。 펴어よりもふつうは펴となる。
58f	[ㅗ + 아] ●보다：見る	ㅗ아でもよいがふつうはㅘとなる。 보아よりもふつうは봐となる。
58g	[ㅜ + 어] ●배우다：習う	ㅜ어でもよいがㅝともなる。 배우어よりもふつうは배워となる。
58h	[ㅚ + 어] ●되다：(〜に)なる	ㅚ어でもよいがㅙともなる。 되어でもよいが돼でもよい。
58i	[ㅣ + 어] ●이기다：勝つ	ふつうはㅕとなる。 이기어よりもふつうは이겨となる。
58j	[하다 (する)]	하여あるいは해となる。
58k	[오다 (来る)]	오아ではなく必ず와となる。

しくみ59　食べた（過去形 ❶ 基本）

動詞・形容詞などの過去形は、次のようにしてつくります。簡単でしょう？

59a

[陽語幹+] 았 ㇷ゚

59b

[陰語幹+] 었 ォッ

《しくみを使ってみよう》

【1】막았다.
　マガッタ。
　防いだ。

　　陽語幹　過去
　막 았 다.
　●막다 + **59a** + 다

【2】먹었다.
　モゴッタ。
　食べた。

　　陰語幹　過去
　먹 었 다.
　●먹다 + **59b** + 다

【3】작았습니다.
　チャガッスムニダ。
　小さかったです。

　　陽語幹　過去　ていねいな語尾
　작 았 습니다.
　●작다 + **59a** + **30b**

ソウルで
ひとこと

59 / 山登り…登山はおもしろかったですか？ P125

しくみ60　来た（過去形 ❷ 変則）

これ以外にも しくみ58の法則に準じるものがあります。

過去形のつくり方には、次のようないくつかの変則があります。

これ以外にも用言の変則活用（ステップ4）においても変則的になります。

60a	[ㅗ 語幹]	ㅗ았다でもよいが、왔다ともなる。
60b	[ㅜ 語幹]	ㅜ었다でもよいが、줬다ともなる。
60c	[ㅏ 語幹]	ㅏ았다とならずㅆ다だけをつける。
60d	[ㅓ 語幹]	ㅓ었다とならずㅆ다だけをつける。
60e	[ㅣ 語幹]	ㅣ었다でもよいが、ふつう였다となる。
60f	[ㅐ 語幹]	ㅐ었다でもよいが、ふつうㅆ다をつける。
60g	[하다]	하였다あるいは했다となる。
60h	[되다]	되었다あるいは됐다となる。

《しくみを使ってみよう》

【1】 왔습니다.
　　ワッスムニダ。
　　来ました。

왔 습니다.
●오다 + 60a + 30b

【2】 배웠어요.
　　ペウォッソヨ。
　　習いました。

배웠 어요.
●배우다 + 60b + 34b

【3】 갔습니다.
　　カッスムニダ。
　　行きました。

갔 습니다.
●가다 + 60c + 30b

【4】 마셨어요?
　　マショッソヨ？
　　飲みましたか？

마셨 어요?
●마시다 + 60e + 34b

【5】 했어요.
　　ヘッソヨ。
　　しました。

했 어요.
●하다 + 60g + 34b

しくみ61　ご覧になりますか？（尊敬❶ 基本）

動詞・形容詞などの尊敬形は、次のようにしてつくります。

61a　［母音語幹＋］**시** シ

61b　［ㄹ語幹：ㄹが脱落して＋］**시** シ
　　　しくみ89参照

61c　［子音語幹＋］**으시** ウシ

《しくみを使ってみよう》

【1】보십니까?
　ポシムニカ？
　ご覧になりますか？

　보 시 ㅂ니까?（尊敬）
　●보다 ＋ 61a ＋ 31a
　　見る

【2】우십니까?
　ウシムニカ？
　お泣きになりますか？

　우 시 ㅂ니까?（尊敬）
　●울다 ＋ 61b ＋ 31a
　　泣く　　ㄹ脱落します

【3】읽으셨습니까?
　イルグショッスムニカ？
　お読みになりましたか？

　읽 으시 었 습니까?（尊敬・過去）
　●읽다 ＋ 61c ＋ 60e ＋ 31b
　　読む
　　시＋었 ＝ 셨

〈ヒント〉
尊敬の시に어요（しくみ34）がつくと세요というかたちになります。

ソウルでひとこと　61／帽子屋さんで…何をお探しですか？ ……… P126

しくみ62　いらっしゃる（尊敬 ❷ 特殊な言葉）

尊敬を表わすには、 61 のほかに特殊な単語を使う場合があります。
[特殊な尊敬言葉の例]

これも存在詞(しくみ36)にかぞえます。

62a
계시다 ← 있다
ケシダ　　イッタ
いらっしゃる　いる

62b
안 계시다 ← 없다
アンゲシダ　　オプタ
いらっしゃらない　いない

62c
드시다 ← 먹다 / 마시다
トゥシダ　　モクタ　マシダ
召し上がる　食べる　飲む

62d
잡수시다 ← 먹다 / 마시다
チャプスシダ　　モクタ　マシダ
召し上がる　食べる　飲む

62e
주무시다 ← 자다
チュムシダ　　チャダ
お休みになる　寝る

62f
돌아가시다 ← 죽다
トラガシダ　　チュクタ
お亡くなりになる　死ぬ

62g
말씀하시다 ← 말하다
マルスムハシダ　　マラダ
おっしゃる　言う

‖注‖　61 62 の尊敬語を使うときには、助詞も次のように変わります。
께서 ← 가 / 이　(〜が)
께서는 ← 는 / 은　(〜は)
께 ← 에게　(〜に)

step 3

しくみ63　行くつもりです（意思・推量などの겠）

「겠」は、❶意思（〜するつもりだ）❷推量・未来（〜だろう）❸婉曲などを表わします。

63

[語幹+] **겠** ケッ/ゲッ

《しくみを使ってみよう》

【意思】　しくみ42参照

[1] 내가 가겠습니다.　　　가 겠 습니다.
　　ネガ　　カゲッスムニダ。　　●가다 + 63 + 30b
　　僕が行くつもりです。

【推量・未来】

[2] 내일 비가 오겠어요.　　오 겠 어요.
　　ネイル　ピガ　オゲッソヨ。　　●오다 + 63 + 34b
　　明日、雨が降るでしょう。
　　　　　　　　　　비가 오다
　　　　　　　　　　＝雨が降る

【婉曲】

[3] 저는 잘 모르겠습니다.　모르 겠 습니다.
　　チョヌン　チャル モルゲッスムニダ。　●모르다 + 63 + 30b
　　私はよく知りません。
　　　　　　모르다＝知らない

모릅니다（知りません）よりも
かしこまった感じのする表現です。

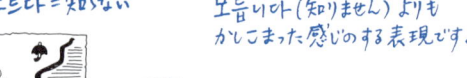

63／明日の予定…明日民俗村に行くつもり?　　P126

しくみ64　雨が降るでしょう（推量・未来）

「〜でしょう」と未来のことを言う表現です。

[未来連体形+] 것이다
コシダ

《しくみを使ってみよう》

【1】 오늘 비가 올 것입니다.
オヌル　ピガ　オル　コシムニダ。
今日、雨が降るでしょう。

오 ㄹ 것이 ㅂ니다.
◐ 오다 + **53a** + **64** + **30a**

【2】 내일은 손님이 많을 겁니다.
ネイルン　ソンニミ　マーヌル　コムニダ。
明日はお客さんが多いでしょう。

많다 = 多い
客

많 을 거 ㅂ니다.
◐ 많다 + **54c** + **64** + **30a**

겁니다は것입니다の縮まったかたちです。

ソウルで
ひとこと
64 / 空港で…成田行きの飛行機は到着が遅くなるでしょう。........................ P127

しくみ65　食べられます（可能／不可能）

65a 〜できる：[未来連体形＋] 수 있다
スイッタ

65b 〜できない：[未来連体形＋] 수 없다
ス オプタ

《しくみを使ってみよう》

【1】먹을 수 있습니다.　먹(을 수 있)습니다. 可能
モグル　ス　イッスムニダ。　　●먹다 ＋ 53c ＋ 65a ＋ 30b
食べられます。

【2】느낄 수 있어요?　느끼(ㄹ 수 있)어요? 可能
ヌッキル　ス　イッソヨ?　　●느끼다 ＋ 53a ＋ 65a ＋ 34b
感じられますか？　　　感じる

【3】먹을 수 없습니다.　먹(을 수 없)습니다. 不可能
モグル　ス　オプスムニダ。　　●먹다 ＋ 53c ＋ 65b ＋ 30b
食べられません。

ソウルでひとこと　65 / お金とクレジットカード…ホテルで円をウォンに換えられますか？ P127

しくみ 66　食べられません（不可能の못）

不可能の表現は65bのほかに、못という語を使ってつくることができます。

66a

[語幹+] 지 못하다
　　　　チ/ジ　　モッタダ　発音は23a参照

66b

못 [+用言]
モッ

《しくみを使ってみよう》

【1】먹지 못합니다.
　　　モクチ　モッタムニダ。
　　　食べられません。

먹<u>지 못하</u>ㅂ니다.　(不可能)
● 먹다 + 66a + 30a

【2】느끼지 못합니까?
　　　ヌッキジ　モッタムニカ？
　　　感じられませんか？

느끼<u>지 못하</u>ㅂ니까?　(不可能)
● 느끼다 + 66a + 31a

【3】못 갑니다.
　　　モッ　カムニダ。
　　　行けません。

<u>못</u> 가 ㅂ니다.　(不可能)
● 66b + 가다 + 30a

【4】못 씁니까?
　　　モッ　スムニカ？
　　　書けませんか？/使えませんか？

<u>못</u> 쓰 ㅂ니까?　(不可能)
● 66b + 쓰다 + 31a
　（書く/使う）

ソウルでひとこと　66 / お腹いっぱいです…たくさん食べましたか? / ええ、これ以上食べられないわ。… P128

しくみ67　行かねばなりません（義務）

「〜しなくてはならない」は、次のかたちで表わします。
［〜아／어形］の変則に関しては、しくみ58の法則に従います。

67a
［〜아／어形+］ 야 하다
　　　　　　　　ヤ　　ハダ

67b
［〜아／어形+］ 야 되다
　　　　　　　　ヤ　　テェダ

야 되다は速く発音すれば
ヤ デェダとなります。

《しくみを使ってみよう》

【1】살아야 합니다.
　　サラヤ　　ハムニダ。
　　生きねばなりません。

살 아야 하 ㅂ니다.　義務
● 살다 + 57a + 67a + 30a

【2】가야 됩니다.
　　カヤ　　デェムニダ。
　　行かねばなりません。

가 야 되 ㅂ니다.　義務
● 가다 + 58a + 67b + 30a

【3】먹어야 됩니다.
　　モゴヤ　　デェムニダ。
　　食べなくてはなりません。

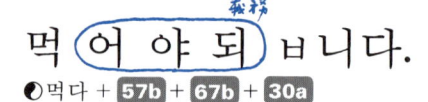

먹 어야 되 ㅂ니다.　義務
● 먹다 + 57b + 67b + 30a

ソウルで
ひとこと
67 / 飛行機の予約とリコンファーム…飛行機の切符を予約しなくてはなりませんか？．P128

しくみ68　会いたいです（願望）

「〜したい」という表現は、次のようにしてつくります。

68
[語幹+] 고 싶다
　　　　コ／ゴ　　シプタ

《しくみを使ってみよう》

【1】먹고 싶어요.　　　　먹 고 싶 어요.
　　モッコ　シッポヨ。　　●먹다 + **68** + **34b**
　　食べたいです。

【2】만나고 싶었어요.　만나 고 싶 었 어요.
　　マンナゴ　シッポッソヨ。　●만나다 + **68** + **59b** + **34b**
　　会いたかったです。

【3】입고 싶으십니까?　입 고 싶 으시 ㅂ니까?
　　イプコ　シプシムニカ？　●입다 + **68** + **61c** + **31a**
　　お召しになられたいですか？

ソウルで
ひとこと　68 / 市場に行きたい…どこへいらっしゃりたいんですか？ ……………… P129

しくみ69　見たくないです（願望の否定）

「～したくない」という表現は、次のようにしてつくります。

69a
[語幹＋] 고 싶지 않다
　　　　 コ／ゴ　シプチ　アンタ

69b
[語幹＋] 기 싫다
　　　　 キ／ギ　シルタ

《しくみを使ってみよう》

【1】보고 싶지 않아요.　보고 싶지 않아요.　～したくない
　　 ポゴ　シプチ　アナヨ。　●보다 ＋ 69a ＋ 34a
　　 見たくないです。

【2】하고 싶지 않았어요.　하고 싶지 않았어요.　～したくない／過去
　　 ハゴ　シプチ　アナッソヨ。　●하다 ＋ 69a ＋ 59a ＋ 34b
　　 したくなかったです。

【3】말하기 싫어요.　말하기 싫어요.　～したくない
　　 マラギ　シロヨ。　●말하다（話す） ＋ 69b ＋ 34b
　　 話したくないです。

ソウルでひとこと　69／嫌です…さなぎはおいしいですよ。／食べたくないです。 ……………… P129

しくみ 70　お行きください（命令 ❶）

自分より目上の人に、命令するというよりは「〜してください」、「〜なさってください」とものを頼む、懇願するというニュアンスの表現です。

70a　［母音語幹＋］ 십시오
シプシオ

70b　［ㄹ語幹：ㄹが脱落して＋］ 십시오
シプシオ

70c　［子音語幹＋］ 으십시오
ウシプシオ

《しくみを使ってみよう》

【1】 가십시오.
カシプシオ。
お行きください。

가 십시오.　〜なさってください
● 가다 ＋ 70a

【2】 여십시오.
ヨシプシオ。
お開きください。

여 십시오.　〜なさってください
脱落します ㄹ　● 열다 ＋ 70b
開ける

【3】 읽으십시오.
イルグシプシオ。
お読みください。

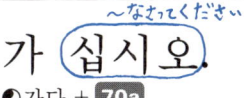

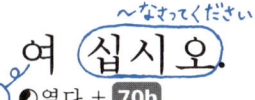

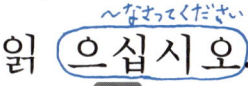

읽 으십시오.　〜なさってください
● 읽다 ＋ 70c
読む

쉶〜다〜!!
전하!!
여십시오!!

ソウルでひとこと　70 / 電話をかける…もしもし、イ・ウヨンさんお願いします。/ 少しお待ちください。.. P130

しくみ71　行け（命令 ❷）

対等か目下の人に、「〜しろ」「〜せよ」と命令する言い方です。

71

[〜아／어形＋] 라
ラ

《しくみを使ってみよう》

【1】 가라.
カラ。
行け。

가 라. 命令
❶ 가다 ＋ 58a ＋ 71

【2】 열어라.
ヨロラ。
開けろ。

열 어라. 命令
❶ 열다 ＋ 57b ＋ 71

【3】 읽어라.
イルゴラ。
読め。

읽 어라. 命令
❶ 읽다 ＋ 57b ＋ 71

ソウルで
ひとこと
71 / 電話しなさい…家に着いたら必ず電話しなさい。 P130

しくみ 72　お遅れにならないでください（禁止 ❶）

72b より **72a** のほうが尊敬・ていねいの度合が高い表現です。

72a 〜なさらないでください

[語幹+] **지 마십시오**
　　　　チ／ジ　　　マシプシオ

72b 〜しないでください

[語幹+] **지 마세요**
　　　　チ／ジ　　　マセヨ

《しくみを使ってみよう》

〔1〕 늦지 마십시오.　　　늦 지 마십시오.　〜なさらないでください
　　　ヌッチ　マシプシオ。　　　● 늦다 + **72a**
　　　お遅れにならないでください。　　遅れる

〔2〕 마시지 마세요.　　　마시 지 마세요.　〜しないでください
　　　マシジ　マセヨ。　　　● 마시다 + **72b**
　　　飲まないでください。　　飲む

〔3〕 싸우지 마세요.　　　싸우 지 마세요.　〜しないでください
　　　サウジ　マセヨ。　　　● 싸우다 + **72b**
　　　喧嘩しないでください。　　喧嘩する

> **ソウルで ひとこと**　72 / 目上の人の前では礼儀正しく…韓国では、目上の人の前で煙草をお吸いにならないでください。 ……………… P131

しくみ73　遊ぶな（禁止 ❷）

皆、対等か目下の人に対する「～するな」という表現ですが、下へ行くほど言い方がぞんざいになります。

73a　[語幹+] 지 말아라
　　　　　　　チ/ジ　　マララ

73b　[語幹+] 지 마라
　　　　　　　チ/ジ　　マラ

73c　[語幹+] 지 마
　　　　　　　チ/ジ　　マ

《しくみを使ってみよう》

【1】 놀지 말아라.　　　　놀 지 말아라. 〜するな
　　　ノルジ　マララ。　　　●놀다 + 73a
　　　遊ぶな。

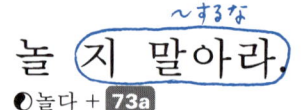

【2】 말하지 마라.　　　　말하 지 마라. 〜するな
　　　マラジ　マラ。　　　●말하다 + 73b
　　　話すな。

【3】 먹지 마.　　　　　　먹 지 마. 〜するな
　　　モクチ　マ。　　　　●먹다 + 73c
　　　食べるな。

ソウルでひとこと　73 / おいしいものを食べる自由…じゃあこれ以上食べるなよ。……………………P131

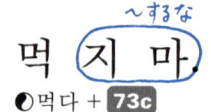

しくみ74　一緒に踊りましょう（勧誘）

74a 74b 74c はていねいな言い方、74d は対等か目下の人に使うぞんざいな言い方です。

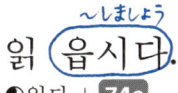

● 〜しましょう

74a　[母音語幹+] ㅂ시다
プシダ

74b　[ㄹ語幹：ㄹが脱落して+] ㅂ시다
プシダ

74c　[子音語幹+] 읍시다
ウプシダ

● 〜しよう

74d　[語幹+] 자
チャ/ジャ

《しくみを使ってみよう》

【1】같이 춤을 춥시다.　　춤을 추 ㅂ시다.
　　カッチ　チュムル　チュプシダ。　　● 춤 + 43b + 추다 + 74a
　　一緒に踊りましょう。

【2】내일 읽읍시다.　　읽 읍시다.
　　ネイル　イルグプシダ。　　● 읽다 + 74c
　　明日読みましょう。

【3】빨리 먹자.　　먹 자.
　　パルリ　モクチャ。　　● 먹다 + 74d
　　はやく食べよう。

ソウルでひとこと　74 / 写真を撮りましょう…てっぺんで一緒に写真を撮りましょうね！ ……………… P132

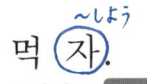

しくみ 75　走っています（動作の継続・進行）

「〜している」という表現には、大きく2つの種類があります（ 75 と 76 ）。
75 は、動作が進行している動きを表わします。

75

[語幹+] 고 있다
　　　　コ／ゴ　　イッタ

《しくみを使ってみよう》

【1】달리고 있습니다.
　　タルリゴ　イッスムニダ。
　　走っています。

　달리 고 있 습니다.　〜している
　● 달리다 + 75 + 30b
　　走る

【2】달리고 있었어요.
　　タルリゴ　イッソッソヨ。
　　走っていました。

　달리 고 있 었 어요.　〜している　過去
　● 달리다 + 75 + 59b + 34b

【3】달리고 있어야 해요.
　　タルリゴ　イッソヤ　ヘヨ。
　　走っていなくてはなりません。

　달리 고 있 어야 해요.　〜している　義務
　● 달리다 + 75 + 57b + 67a + 58j
　　+ 34a

ソウルでひとこと　75／今何してるの？…夕ごはんを食べていました。................ P132

しくみ76　すわっていますか？（状態の継続）

76 は、「すわっている」「立っている」などという表現、つまり動作の進行形ではなく動作が完了した「状態の継続」を表わす言い方です。

76

$$[〜아／어形+]\ 있다$$
イッタ

《しくみを使ってみよう》

【1】앉아 있습니까?
　　アンジャ　イッスムニカ？
　　すわっていますか？

앉 아 있 습니까?
● 앉다 + 57a + 76 + 31b
　すわる
　〜している

【2】앉아 있어야 됩니다.
　　アンジャ イッソヤ　デェムニダ。
　　すわっていなくてはなりません。

앉 아 있 어야 됩 니다.
〜している　　　　義務
● 앉다 + 57a + 76 + 57b + 67b + 30a

【3】서 있었어요.
　　ソ　イッソッソヨ。
　　立っていました。

서 있 었 어요.
〜している　過去
● 서다 + 58b + 76 + 59b + 34b
　立つ

ソウルでひとこと　76 / 座席はありますか？…成田行きの飛行機、座席ありますか？ / まだ残っているでしょう。P133

しくみ 77　勉強させますか？（使役 ❶）

● 「〜させる」という言い方です。

77a

「〜하다（する）」という語を「〜させる」という表現にするには、「하다」を「시키다」に変えます。

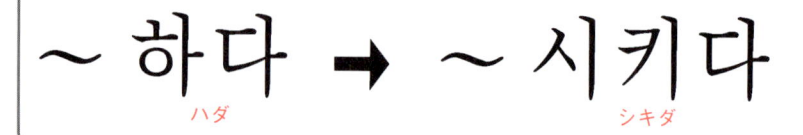

～하다 ➡ ～시키다
　ハダ　　　　　シキダ

77b

［語幹＋］게 하다
　　　　　ケ／ゲ　ハダ

《しくみを使ってみよう》

【1】공부시킵니까?
　　コンブ　シキムニカ？
　　勉強させますか？

공부 시키 ㅂ니까?　〜させる
● 공부하다 ＋ 77a ＋ 31a
　勉強する

【2】공부시키십니까?
　　コンブ　シキシムニカ？
　　勉強おさせになりますか？

공부 시키 시 ㅂ니까?　〜させる　尊敬
● 공부하다 ＋ 77a ＋ 61a ＋ 31a

【3】공부하게 합니까?
　　コンブ　ハゲ　　ハムニカ？
　　勉強させますか？

공부하 게 하 ㅂ니까?　〜させる
● 공부하다 ＋ 77b ＋ 31a

ソウルで
ひとこと　77 / 運転免許…私に運転させないでくださいよ。……… P133

しくみ78 笑わせないでください（使役 ❷）

78 は、すべての用言に適用できるのではなく、限られた用言のみに当てはまり、しかも〜이、〜히、〜기、〜리がどの単語につくのかはあらかじめ決まっています。

> **78** 語幹に〜이、〜히、〜기、〜리などというものをつけることによって使役形になる用言がある。
>
> [例]
>
> 〜이： 먹이다 ← 먹다 ／ 높이다 ← 높다
> 　　　モギダ　　　モクタ　　　ノッピダ　　　ノプタ
> 　　　食べさせる　食べる　　　高める　　　　高い
>
> 〜히： 입히다 ← 입다 ／ 밝히다 ← 밝다
> 　　　イッピダ　　イプタ　　　パルキダ　　　パクタ
> 　　　着せる　　　着る　　　　明かす　　　　明るい
>
> 〜기： 웃기다 ← 웃다
> 　　　ウッキダ　　ウッタ
> 　　　笑わせる　　笑う
>
> 〜리： 알리다 ← 알다
> 　　　アルリダ　　アルダ
> 　　　知らせる　　知る

《しくみを使ってみよう》

【1】웃기지 마세요.　　　　웃 기 지 마세요.
　　 ウッキジ　マセヨ。　　（使役）（〜しないでください）
　　 笑わせないでください。　●웃다 + 78 + 72b
　　　　　　　　　　　　　　　笑う

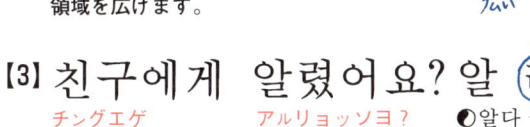

【2】영역을 넓힙니다.　　　넓 히 ㅂ니다.
　　 ヨンヨクル　ノルピムニダ。　（領域）（使役）
　　 領域を広げます。　　　●넓다 + 78 + 30a
　　　　　　　　　　　　　　　広い

【3】친구에게 알렸어요?　　알 리 었 어요?
　　 チングエゲ　アルリョッソヨ?　（使役）（過去）
　　 友達に知らせましたか？　●알다 + 78 + 60e + 34b
　　　　　　　　　　　　　　　知る
　　　　　　　　　　　　　　　리+었=렸

しくみ 79　発表されますか？（受け身 ❶）

「〜하다（する）」という語を「〜される」という表現にするには、「하다」を「되다」に変えればできあがりです。

79

$$\sim 하다 \longrightarrow \sim 되다$$
　　ハダ　　　　　　　　テェダ

《しくみを使ってみよう》

【1】 발표됩니까?
　　 パルピョ　テェムニカ？
　　 発表されますか？

발표되ㅂ니까?　〜される
● 발표하다 + 79 + 31a
　発表する

【2】 발표됐어요.
　　 パルピョ　テッソヨ。
　　 発表されました。

발표되었어요.　〜される　過去
● 발표하다 + 79 + 60h + 34b
　　↳ 되+었 = 됐

【3】 발표돼야 해요.
　　 パルピョ　テェヤ　ヘヨ。
　　 発表されなくてはなりません。

발표되어야 해요.　〜される　義務
● 발표하다 + 79 + 58h + 67a
　+ 58j + 34a

ソウルでひとこと　79 / 払い戻し…今日の公演は急に中止されました。 ………………… P134

しくみ80　見えますか？（受け身❷）

80 は、すべての用言に適用できるのではなく、限られた用言のみに当てはまり、しかも〜이、〜히、〜기、〜리がどの単語につくのかはあらかじめ決まっています。

---

80 語幹に〜이、〜히、〜기、〜리などというものをつけることによって受け身になる用言がある。

[例]

〜이： 보이다　←　보다　[注] 보이다には「見せる」の意味もある
　　　ポイダ　　　　ポダ
　　　見える　　　　見る

〜히： 잡히다　←　잡다
　　　チャッピダ　　チャプタ
　　　つかまる ← つかまえられる　つかまえる

〜기： 빼앗기다　←　빼앗다
　　　ペアッキダ　　ペアッタ
　　　奪われる　　　奪う

〜리： 들리다　←　듣다
　　　トゥルリダ　　トゥッタ
　　　聞こえる　　　聞く

（手書き注：보이다, 들리다などは「受け身」とはやや違う意味のように感じますが、形式上これを「受け身」に分類します。）

《しくみを使ってみよう》

【1】 보여요? 안 보여요?　　보<u>이</u>어요?（受け身）
　　 ポヨヨ？　アン ボヨヨ？
　　 見えます？見えません？
　　●보다 + **80** + **58i** + **34b**
　　　　　　　　　　이+어=여

【2】 심하게 밟혔어요.　　밟<u>히</u>었어요.（受け身・過去）
　　 シマゲ　パルピョッソヨ。
　　 ひどく踏まれました。
　　●밟다 + **80** + **60e** + **34b**
　　　 踏む　　　　　　　히+었=혔

【3】 (犯人)범인은 언제 잡히겠어요?　　잡<u>히</u>겠어요?（受け身・推量/未来）
　　 ポミヌン　オンジェ チャッピゲッソヨ？
　　 犯人はいつつかまるでしょうか？
　　●잡다 + **80** + **63** + **34b**

しくみ81　地の文の終わり方（下称終止形）

これは文章における地の文や、目下の人に対するぞんざいな言葉を結ぶときの言い方です。

1　現在

[指定詞・存在詞・形容詞]

81a　[語幹+] 다　タ/ダ（原形と同じ）

[動詞]

81b　[母音語幹+] ㄴ다　ンダ

81c　[ㄹ語幹：ㄹが脱落して+] ㄴ다　ンダ

81d　[子音語幹+] 는다　ヌンダ

2　過去・未来

81e　語幹+[59 または 63]+다　タ

《しくみを使ってみよう》

[1] 투수가 공을 던진다.　　　던지ㄴ다. （下称終止形）
　　トゥスガ　コンウル　トンジンダ。
　　投手が球を投げる。
　　　　　　　　　　　　　　　　　●던지다 + 81b
　　　　　　　　　　　　　　　　　　投げる

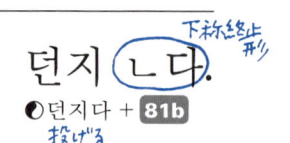

[2] 우리는 매일 신문을 읽는다.　읽는다. （下称終止形）
　　ウリヌン　メイル　シンムヌル　インヌンダ。
　　われわれは毎日、新聞を読む。
　　　　　　　　　　　　　　　　　●읽다 + 81d

しくみ82 ～だと言います（引用）

「～と言う」「～と考える」などの表現です（間接話法）。

82a 現在です
[指定詞語幹+] 라고 하다
ラゴ　ハダ

82b [動詞・形容詞・存在詞の下称終止形+]
現在です
고 하다
コ/ゴ　ハダ

82c [過去・未来+] 다고 하다
59 または 63　タゴ　ハダ

《しくみを使ってみよう》

【1】 그는 일본사람이라고 해요.
クヌン イルボンサラミラゴ ヘヨ。
彼は日本人だと言います。

일본사람 이라고 해요.　～と言う
● 이다 + 82a + 58j + 34a

【2】 동생도 간다고 했어요.
トンセンド カンダゴ ヘッソヨ。
弟も行くと言いました。

가 ㄴ다고 했 어요.　下称終止形 ～と言う 過去
● 가다 + 81b + 82b + 60g + 34b

【3】 어제 만났다고 합니다.
オジェ マンナッタゴ ハムニダ。
きのう会ったと言います（会ったそうです）。

만났다고 하 ㅂ니다.　～と言う
● 만나다 + 60c + 81e + 82c + 30a

ソウルでひとこと　82 / 何という食べ物ですか？…この食べ物は韓国語で何と言いますか？　……………… P134

ステップ4

数字と変則活用

しくみ83　漢数詞 ❶（0〜10）

数詞には日本語と同様、漢数詞（いち、に、さん…）と固有数詞（ひとつ、ふたつ、みっつ…）の2種類があります。ここでは漢数詞を覚えます。

83a	0 :	영 ヨン ／ 공 コン
83b	1 :	일 イル
83c	2 :	이 イー
83d	3 :	삼 サム
83e	4 :	사 サー
83f	5 :	오 オー
83g	6 :	육 ユク
83h	7 :	칠 チル
83i	8 :	팔 パル
83j	9 :	구 ク
83k	10 :	십 シプ

‖注‖　0は電話番号のときにふつう공と読まれます。
　　　電話番号を読むとき、「03の456の…」の「の」は、「의エ」と読みます。

ソウルでひとこと　83 / 電話番号は？…ヘウォンさん！ 家の電話番号は何番ですか / 02-785-3419よ。　P135

しくみ84　漢数詞 ❷ （11〜兆）

漢数詞の読み方はほぼ日本語と同じ。たとえば234567は、日本語と同じように二十三万四千五百六十七と順番に読んでゆけばよいのです。

84a 〈11〜19〉
- 11：십일 シビル
- 12：십이 シビー
- 13：십삼 シプサム
- 14：십사 シプサー
- 15：십오 シボー
- 16：십육 シムニュク　→発音に注意
- 17：십칠 シプチル
- 18：십팔 シッパル
- 19：십구 シプク

84b 〈20〜90〉
- 20：이십 イーシプ
- 30：삼십 サムシプ
- 40：사십 サーシプ
- 50：오십 オーシプ
- 60：육십 ユクシプ
- 70：칠십 チルシプ
- 80：팔십 パルシプ
- 90：구십 クシプ

84c
百：백 ペク

84d
千：천 チョン

84e
万：만 マン

84f
億：억 オク

84g
兆：조 チョ

‖注‖ 100、1000、10000はそれぞれ일백、일천、일만ではなく、백、천、만と読みます。

‖注意すべき発音‖　16：십육→심뉵　106：백육→뱅뉵　1006：천육→천뉵
　　　　　　　　30万：삼십만→삼심만　500万：오백만→오뱅만

ソウルでひとこと　84 / 店で値切る…これいくらですか？ / 126000ウォンです。 …………… P135

しくみ85　固有数詞 ❶ (1～10)

日本語のひとつ、ふたつ、みっつ…に当たる数詞です。
日本語よりも固有数詞を使う頻度は高いと言えます。

85a	1 :	하나	ハナ	〈한 ハン〉
85b	2 :	둘	トゥル	〈두 トゥ〉
85c	3 :	셋	セッ	〈세 セ〉〈석 ソク〉
85d	4 :	넷	ネッ	〈네 ネ〉〈넉 ノク〉
85e	5 :	다섯	タソッ	
85f	6 :	여섯	ヨソッ	
85g	7 :	일곱	イルゴプ	
85h	8 :	여덟	ヨドル	
85i	9 :	아홉	アホプ	
85j	10 :	열	ヨル	

‖注1‖〈 〉の中の数詞は、「～個」「～歳」など、体言の前に来たときのかたちです（しくみ86も同じ）。

‖注2‖3の〈석〉と4の〈넉〉はやや特殊なかたちで、使う頻度は高くありません。

しくみ86　固有数詞 ❷ (11〜99)

86a 〈11〜19〉
11：열 하나 ヨルハナ 〈열 한 ヨルハン〉
12：열 둘 ヨルトゥル 〈열 두 ヨルトゥ〉
13：열 셋 ヨルセッ 〈열 세 ヨルセ〉
14：열 넷 ヨルレッ 〈열 네 ヨルレ-〉
15：열 다섯 ヨルタソッ　16：열 여섯 ヨルリョソッ
17：열 일곱 ヨリルコプ　18：열 여덟 ヨルリョドル
19：열 아홉 ヨラホプ

86b　20：스물 スムル 〈스무 スム〉

86c　30：서른 ソルン

86d　40：마흔 マフン

86e　50：쉰　シュイン

86f　60：예순 イェスン

86g　70：일흔 イルン

86h　80：여든 ヨドゥン

86i　90：아흔 アフン

‖注‖　固有数詞には1から99まであります。(百・千・万・億・兆は漢数詞しかない)
‖注意すべき発音‖　14：열 넷 ➡ 열 렛　　16：열 여섯 ➡ 열 려섯
　　　　　　　　　18：열 여덟 ➡ 열 려덟

しくみ87　数字のかぞえ方 ❶

87a
[漢数詞を使う場合と固有数詞を使う場合]
漢数詞：時間や時刻の分と秒、年月日、番号、金額、計測値など。
固有数詞：「ひとつ、ふたつ」とかぞえるなど、主に個数を示す（何個、何枚、何人など）。

87b
100以上の数を固有数詞で表現するときは、漢数詞と固有数詞を混ぜて読む。
❶ 259：이백 쉰 아홉　イーベク　シュイン　アホプ
❷ 3825：삼천 팔백 스물 다섯　サムチョン　パルベク　スムル　タソッ

87c
時刻の言い方：
[固有数詞+시（時）／漢数詞+분（分）／漢数詞+초（秒）]
❶ 5時40分：다섯 시 사십 분　タソッシ　サーシップン
❷ 12時47分29秒：열 두 시 사십칠 분 이십구 초　ヨルトゥシ　サーシプチルブン　イーシプクチョ

87d
時間の言い方：
[固有数詞+시간（時間）／漢数詞+분（分）／漢数詞+초（秒）]
❶ 1時間20分：한 시간 이십 분　ハンシガン　イーシップン
❷ 3時間57分：세 시간 오십칠 분　セシガン　オーシプチルブン

87e
年齢にはふた通りの言い方がある。
[漢数詞+세]
❶ 19歳：십구 세　シプクセ　❷ 20歳：이십 세　イーシプセ
❸ 57歳：오십칠 세　オーシプチルセ

[固有数詞+살]
❹ 19歳：열 아홉 살　ヨラホプサル　❺ 20歳：스무 살　スムサル
❻ 57歳：쉰 일곱 살　シュイン　イルゴプサル

ソウルでひとこと　87 / バスの発車時刻は?…次の春川行きのバスは何時出発ですか? / 11 時 15 分です。　P136

しくみ88　数字のかぞえ方 ❷

88a

年月日は漢数詞で言う。[年：년／月：월／日：일]
1997年6月24日：천구백구십칠 년 유 월 이십사 일
　　　　　　　チョンクベッククシプチル＝ョン　ユウォル　イーシプサーイル

　　　速く言えば リ と発音されます（しくみ25）。

88b

月の言い方：(6月と10月のかたちは変則的なので注意！)
1月：일월 **イルウォル**／2月：이월 **イーウォル**／3月：삼월 **サムウォル**
4月：사월 **サーウォル**／5月：오월 **オーウォル**／6月：유월 **ユウォル**
7月：칠월 **チルウォル**／8月：팔월 **パルウォル**／9月：구월 **クウォル**
10月：시월 **シウォル**／11月：십일월 **シビルウォル**
12月：십이월 **シビーウォル**

88c

ひと月、ふた月と言うときは [固有数詞＋달 **タル**] と言う。

88d

物をかぞえるときのいろいろな言葉：
❶ ～個：개 **ケ／ゲ**　❷ ～冊：권 **クォン／グォン**　❸ ～人：사람 **サラム**
❹ ～名：명 **ミョン**　❺ ～瓶：병 **ピョン／ビョン**　❻ ～枚：장 **チャン／ジャン**
❼ ～杯：잔 **チャン／ジャン**　❽ ～匹：마리 **マリ**
❾ ～台：대 **テ／デ**

ソウルで
ひとこと　88／誕生日はいつ？…誕생일은 언제예요？／10月28日です。............... P136

しくみ89　ㄹ語幹

89a

ㄹ語幹＝語幹がㄹで終わる用言

89b

ㄹ語幹は、次にㄴ、ㅂ、ㅅ、終声ㄹで始まる語尾、오が来るとㄹが脱落する。

《しくみを使ってみよう》

原形	〜です／ます	現在連体	未来連体	過去連体	尊敬
【1】알다 アルダ 知る	압니다 アムニダ	아는 アヌン	알 アル	안 アン	아시— アシー
【2】울다 ウルダ 泣く	웁니다 ウムニダ	우는 ウヌン	울 ウル	운 ウン	우시— ウシー
【3】만들다 マンドゥルダ つくる	만듭니다 マンドゥムニダ	만드는 マンドゥヌン	만들 マンドゥル	만든 マンドゥン	만드시— マンドゥシー
【4】살다 サルダ 生きる、暮らす	삽니다 サムニダ	사는 サヌン	살 サル	산 サン	사시— サシー
【5】길다 キルダ 長い	깁니다 キムニダ	긴 キン	길 キル	길던 キルドン	기시— キシー
【6】달다 タルダ 甘い	답니다 タムニダ	단 タン	달 タル	달던 タルドン	다시— タシー

しくみ90 으変則

90a 으変則＝語幹が ―で終わる用言のうちほとんど。

90b 으変則は、次に［～아／어形］が来ると、―と○が脱落する。

次に아が来るか어が来るかは、―の1つ前の母音が陽か陰かによって決まります。

《しくみを使ってみよう》

原形	～아／어形	うちとけたていねいな語尾	過去形
陽 【1】아프다 アップダ 痛い	아파 アッパ	아파요 アッパヨ	아팠다 アッパッタ
陽 【2】따르다 タルダ 従う	따라 タラ	따라요 タラヨ	따랐다 タラッタ
【3】쓰다 スダ 使う、書く、苦い	써 ソ	써요 ソヨ	썼다 ソッタ
【4】크다 クダ 大きい	커 コ	커요 コヨ	컸다 コッタ
陽 【5】바쁘다 パップダ 忙しい	바빠 パッパ	바빠요 パッパヨ	바빴다 パッパッタ

母音が1つの場合は必ず어がつきます。
쓰어→써
크어→커

しくみ91　르変則

91a 르変則＝語幹が르で終わる用言のうち大部分。

91b 르変則は、次に［〜아／어形］が来ると、르아は ㄹ라に、르어は ㄹ러になる。

次に아が来るか어が来るかは、르の1つ前の母音が陽か陰かによって決まります。

《しくみを使ってみよう》

原形	〜아／어形	うちとけたていねいな語尾	過去形
【1】^陽모르다 モルダ 知らない	몰라 モルラ	몰라요 モルラヨ	몰랐다 モルラッタ
【2】^陽빠르다 パルダ 速い	빨라 パルラ	빨라요 パルラヨ	빨랐다 パルラッタ
【3】^陰기르다 キルダ 育てる	길러 キルロ	길러요 キルロヨ	길렀다 キルロッタ
【4】^陰흐르다 フルダ 流れる	흘러 フルロ	흘러요 フルロヨ	흘렀다 フルロッタ

しくみ92　러変則

92a 러変則＝語幹が르で終わる用言のうちごく一部。 *ふだんよく使われるのは下の2語のみです。*

92b 러変則は、次に［〜아／어形］が来ると、［〜아／어］の部分が러となる。

《しくみを使ってみよう》

	原形	〜아／어形	うちとけたていねいな語尾	過去形
【1】	이르다 イルダ 着く、至る	이르러 イルロ	이르러요 イルロヨ	이르렀다 イルロッタ
【2】	푸르다 プルダ 青い	푸르러 プルロ	푸르러요 プルロヨ	푸르렀다 プルロッタ

step 4

しくみ93　우変則

93a
우変則＝푸다（すくい取る、くむ、ご飯などをよそう）という動詞のみ。

93b
우変則は、次に［〜어形］が来ると、ㅜㅇが脱落する。

《しくみを使ってみよう》

原形	〜아／어形	うちとけた ていねいな語尾	過去形
【1】 푸다 プダ すくう、汲む、よそう	퍼 ポ	퍼요 ポヨ	펐다 ポッタ

しくみ94　하変則

94a

하変則＝하다（する）、〜하다
という用言のすべて。

94b

하変則は、次に［〜아形］が来ると、아が여
となる。また하여は해となることが多い。

《しくみを使ってみよう》

原形	〜아／어形	うちとけた ていねいな語尾	過去形	
【1】 하다 ハダ する	하여 ハヨ		하였다 ハヨッタ	→ 文語的な 言い方
	해 ヘ	해요 ヘヨ	했다 ヘッタ	→ ふだんは こちらを使います。
【2】 사랑하다 サランハダ 愛する	사랑하여 サランハヨ		사랑하였다 サランハヨッタ	→ 文語的な 言い方
	사랑해 サランヘ	사랑해요 サランヘヨ	사랑했다 サランヘッタ	→ ふだんは こちらを 使います。

しくみ95　ㅓ変則

95a
ㅓ変則＝語幹がㅓで終わる用言のうちごく一部。

95b
ㅓ変則は、次に［〜어形］が来ると、ㅓ＋어＝ㅐとなる。

《しくみを使ってみよう》

原形	〜아／어形	うちとけたていねいな語尾	過去形
【1】 그러다 クロダ そうする、そう言う	그래 クレ	그래요 クレヨ	그랬다 クレッタ

108

しくみ96　ㅂ変則

96a
ㅂ変則＝語幹がㅂで終わる用言のうち、動詞の一部と形容詞のほとんど。

96b
ㅂ変則は、次に으が来ると
ㅂ＋으＝우となる。

96c
ㅂ変則は、次に［〜아／어形］が来ると、
ㅂ＋아／어＝워となる。

《しくみを使ってみよう》

原形	現在連体	過去連体	尊敬	過去形
【1】눕다 ヌプタ 横たわる、横になる	눕는 ヌムヌン	누운 ヌウン	누우시ー ヌウシー	누웠다 ヌウォッタ
【2】돕다 トプタ 助ける	돕는 トムヌン	도운 トウン	도우시ー トウシー	도왔다 トワッタ
【3】고맙다 コマプタ 有難い	고마운 コマウン	고맙던 コマプトン	고마우시ー コマウシー	고마웠다 コマウォッタ
【4】가깝다 カッカプタ 近い	가까운 カッカウン	가깝던 カッカプトン	가까우시ー カッカウシー	가까웠다 カッカウォッタ

これは例外的に 도웠다ではなく
도왔다になります。

しくみ97　ㄷ変則

97a

ㄷ変則＝語幹がㄷで終わる動詞の一部。

97b

ㄷ変則は、次に母音が来ると
ㄷがㄹとなる。

《しくみを使ってみよう》

原形	未来連体	過去連体	尊敬	過去形
【1】 듣다 トゥッタ 聞く	들을 トゥルル	들은 トゥルン	들으시- トゥルシー	들었다 トゥロッタ
【2】 깨닫다 ケダッタ 悟る	깨달을 ケダルル	깨달은 ケダルン	깨달으시- ケダルシー	깨달았다 ケダラッタ
【3】 걷다 コッタ 歩く	걸을 コルル	걸은 コルン	걸으시- コルシー	걸었다 コロッタ

しくみ98　ㅅ変則

98a

ㅅ変則＝語幹がㅅで終わる用言の一部。

98b

ㅅ変則は、次に母音が来ると、ㅅが脱落する。

《しくみを使ってみよう》

原形	未来連体	過去連体	尊敬	過去形
【1】 낫다 ナッタ 治る	나을 ナウル	나은 ナウン	나으시- ナウシー	나았다 ナアッタ
【2】 짓다 チッタ つくる	지을 チウル	지은 チウン	지으시- チウシー	지었다 チオッタ

しくみ99　ㅎ変則

99a ㅎ変則＝語幹がㅎで終わる形容詞のうち좋다（よい）以外のすべて。

99b ㅎ変則は、次に으が来ると、ㅎと으が脱落する。

99c ㅎ変則は、次に［〜아／어形］が来ると、ㅎおよびその直前の母音が脱落し、아／어はㅐとなる。

《しくみを使ってみよう》

ㅏという母音語幹の場合、［아形］はㅐとなります。

	原形	現在連体	未来連体	尊敬	過去形
【1】	그렇다 クロッタ そうだ	그런 クロン	그럴 クロル	그러시ー クロシー	그랬다 クレッタ
【2】	이렇다 イロッタ こうだ	이런 イロン	이럴 イロル	이러시ー イロシー	이랬다 イレッタ
【3】	하얗다 ハヤッタ 白い	하얀 ハヤン	하얄 ハヤル	하야시ー ハヤシー	하얬다 ハイェッタ
【4】	파랗다 パラッタ 青い	파란 パラン	파랄 パラル	파라시ー パラシー	파랬다 パレッタ

ソウルでひとこと

これだけ覚えれば韓国旅行で不自由しない、という会話表現です。

◎ 「ソウルでひとこと」は、CDトラック13に収録されています。

ソウルでひとこと30：タクシーに乗る

（タクシーの運転手に） …ロッテホテル、お願いします。 …はい。 （到着して運転手が） …ロッテホテルです。 …ありがとう。 …ありがとうございます。	…롯데호텔, 부탁합니다. 　ロッテホテル、プッタカムニダ。 …네. 　ネ。 …롯데호텔입니다. 　ロッテホテリムニダ。 …고맙습니다. 　コマプスムニダ。 …감사합니다. 　カムサハムニダ。

■単語■　ホテル：호텔ホテル　お願い：부탁プッタク　〜である／〜だ：이다イダ
　　　　　ありがたい：고맙다コマプタ　感謝：감사カムサ

■解説■　◎「お願いします」は「부탁합니다プッタカムニダ」。韓国旅行の際には最もよく使う表現のひとつですから、このまま覚えてしまいましょう。
　　　　　◎「ありがとうございます」は「고맙습니다コマプスムニダ」「감사합니다カムサハムニダ」のふたつの表現があります。前者はやわらかい感じの表現、後者は固くて公式的な感じの表現です。

ソウルでひとこと31：バスの停留所で

…ソウル駅、行きますか？ …ええ。 …江南、行きますか？ …いいえ。	…서울역, 갑니까? 　ソウリョク、カムニカ？ …네. 　ネ。 …강남, 갑니까? 　カンナム、カムニカ？ …아뇨. 　アニョ。

■単語■　駅：역ヨク　行く：가다カダ　いいえ：아뇨アニョ

■解説■　◎「いいえ」の「아뇨」は「아니요」の縮まったかたちです。

ソウルでひとこと34：宗教を尋ねられる

…キリスト教、信じますか？	…キドッキョ、ミドヨ？ 기독교, 믿어요?
…いいえ。	…アニョ。 아뇨.
…仏教、知ってますか？	…プルギョ、アラヨ？ 불교, 알아요?
…少し知ってます。	…チョグム　アラヨ。 조금　알아요.

■単語■　キリスト教：기독교キドッキョ（基督教）　信じる：믿다ミッタ
　　　　　仏教：불교プルギョ　知る／知っている：알다アルダ　少し：조금チョグム

■解説■　◎ 기독교はキリスト教のうちプロテスタントのみを指す言葉としても使われます。またカトリックを천주교チョンジュギョ（天主教）と言い、プロテスタントは기독교または개신교ケシンギョ（改新教）と言います。

ソウルでひとこと35：和食レストラン、ありますか？

…和食の店、ありますか？	…イルシクチプ、イッソヨ？ 일식집, 있어요?
…ええ、たくさんありますよ。	…ネ、マーニ　イッスムニダ。 네, 많이 있습니다.
…おいしいですか？	…マシッソヨ？ 맛있어요?
…結構おいしいですよ！	…クェ　マシッスムニダ。 꽤 맛있습니다.

■単語■　和食：일식イルシク（日食）　店：가게カゲ／집チプ　たくさん：많이マーニ
　　　　　おいしい：맛있다マシッタ　結構：꽤クェ

■解説■　◎「店」はふつう、「가게カゲ」と言いますが、飲食店などの場合は「집チプ」とも言います。「집」は「家」の意味です。
　　　　　◎「おいしい」を韓国語では「味がある」と表現します。味は「맛マッ」、「ある」は「있다イッタ」です。

ソウルでひとこと36：どんなホテル？

…オンドル部屋、ありませんか？	…온돌방, 없습니까? オンドルバン、オプスムニカ？
…ありますよ。	…있습니다. イッスムニダ。
…温泉、ありますか？	…온천, 있습니까? オンチョン、イッスムニカ？
…ありませんよ。	…없습니다. オプスムニダ。

■単語■　オンドル：온돌オンドル　部屋：방パン　温泉：온천オンチョン

■解説■　◎ 韓国のたいていのホテルには、西洋式の部屋とオンドル部屋があります。オンドルは韓国伝来の床暖房で、真冬でもポカポカ暖かくて最高です。

ソウルでひとこと38：このお茶、何ですか？

…このお茶、何ですか？	…이 차, 무엇입니까? イ　チャ、ムオシムニカ？
…人蔘茶です。	…인삼차입니다. インサムチャイムニダ。
…その酒、何ですか？	…그 술, 뭐예요? ク　スル、ムオエヨ？
…マッコルリです。	…막걸리예요. マッコルリエヨ。

■単語■　茶：차チャ　何：무엇ムオッ／뭐ムオ　人蔘：인삼インサム
　　　　　酒：술スル　マッコルリ（どぶろく）：막걸리マッコルリ

■解説■　◎「～예요エヨ」は「～이에요イエヨ（です／ですか）」と同じ。また、「～이에요」の「이」を省略して「～예요エヨ」と書く場合もあります。

ソウルでひとこと39：夕食のメニュー

…今日の夕食、カルビですか？	…오늘 저녁, 갈비입니까? オヌル チョニョク、カルビイムニカ？
…いいえ、カルビではありません。	…아뇨, 갈비가 아닙니다. アニョ、カルビガ アニムニダ
…それじゃあ韓定食ですか？	…그럼 한정식입니까? クロム ハンジョンシギムニカ？
…いいえ、韓定食ではありません。	…아뇨, 한정식이 아닙니다. アニョ、ハンジョンシギ アニムニダ。

■単語■　今日：오늘 オヌル　夕食：저녁 チョニョク　カルビ：갈비 カルビ
　　　　それでは：그럼 クロム／그러면 クロミョン　韓定食：한정식 ハンジョンシク

■解説■　◎「韓定食」は、お膳の脚が折れるほどお皿がたくさん並んだ韓国式のフルコース。西洋や中華のフルコースは「時間」で食べるものとすれば、韓国の韓定食は「空間」で食べるものと言えます。

ソウルでひとこと40：犬肉鍋を食べに

…ウヨンさん、犬食べるの？	…우연씨, 개고기 먹어요? ウヨンシ、ケゴギ モゴヨ？
…食べないわ。	…먹지 않아요. モクチ アナヨ。
…いつか一度、補身湯の店に行かない？	…언제 한번 보신탕집 안 가요? オンジェ ハンボン ポシンタンチプ アン ガヨ？
…絶対に行かない！	…절대로 안 가요! チョルテロ アン ガヨ！

■単語■　～さん：～씨 シ　食べる：먹다 モクタ　いつか：언제 オンジェ　一度：한번 ハンボン　補身湯（犬鍋）：보신탕 ポシンタン　絶対に：절대로 チョルテロ

■解説■　◎「～さん」という言い方は、姓名の次に「씨シ（氏）」をつけます。比較的親しい間柄では姓抜きの名前の後につけもします。
　　　　◎「가다カダ（行く）」に「아요アヨ」がつくとなぜ「가아요カアヨ」にならず「가요カヨ」になるかは、**58a** 参照。

ソウルでひとこと41：私は日本人です

…私は日本人です。
…僕は在日僑胞です。
　あの人はアメリカ人です。
…中国人はいますか？
…今はいません。

チョヌン　イルポンサラミムニダ。
…저는 일본사람입니다.
ナヌン　チェイルキョッポイムニダ。
…나는 재일교포입니다.
チョ　サラムン　ミグクサラミエヨ。
저 사람은 미국사람이에요.
チュングクサラムン　イッソヨ？
…중국사람은 있어요?
チグムン　オプソヨ。
…지금은 없어요.

■単語■　日本人：일본사람イルポンサラム　在日僑胞：재일교포チェイルキョッポ
　　　　　アメリカ人：미국사람ミグクサラム　中国人：중국사람チュングクサラム
　　　　　今：지금チグム

ソウルでひとこと42：お腹が痛い

…薬がありますか？
…どこが悪いんですか？
…お腹が痛いんです。
…それならこの薬がいいです。

ヤギ　イッスムニカ？
…약이 있습니까?
オディガ　アップムニカ？
…어디가 아픕니까?
ペガ　アップムニダ。
…배가 아픕니다.
クロム　イ　ヤギ　チョッスムニダ。
…그럼 이 약이 좋습니다.

■単語■　薬：약ヤク　どこ：어디オディ　お腹：배ペ　痛い：아프다アップダ
■解説■　◎韓国の街にはいたるところに「약ヤク」という看板を出した薬局があります。

ソウルでひとこと43：飲み物を注文する

…私はコーヒーを下さい。	チョヌン コッピルル チュセヨ。 …저는 커피를 주세요.
…僕は紅茶をお願いします。	ナヌン ホンチャルル プッタカムニダ。 …나는 홍차를 부탁합니다.
…私はビールを下さい。	チョヌン メクチュルル チュセヨ。 …저는 맥주를 주세요.

■単語■　コーヒー：커피コッピ　下さい：주세요チュセヨ　紅茶：홍차ホンチャ
　　　　　ビール：맥주メクチュ

■解説■　◎「주세요チュセヨ（下さい）」というのも韓国旅行では最もよく使う言葉のひとつですから、このまま覚えておきましょう。

ソウルでひとこと44：明日の予定は？

…明日はどこへ行きますか？	ネイルン オディ カムニカ？ …내일은 어디 갑니까?
…景福宮と仁寺洞に行きます。	キョンボックンハゴ インサドンエ カムニダ。 …경복궁하고 인사동에 갑니다.
…ひとりで行きますか？	ホンジャ カムニカ？ …혼자 갑니까?
…友達と一緒に行きます。	チングワ カッチ カムニダ。 …친구와 같이 갑니다.

■単語■　明日：내일ネイル　景福宮：경복궁キョンボックン　仁寺洞：인사동インサドン
　　　　　ひとりで：혼자ホンジャ／혼자서ホンジャソ　友達：친구チング　一緒に：같이カッチ

■解説■　◎「같이（一緒に）」の発音は「カッティ」ではなく「カッチ」となります。 26 参照。

119

ソウルでひとこと45：免税店に行きます

…金曜日に日本に帰国しますか？	クミョイルラレ　イルボネ　クィグクカムニカ？ …금요일날에 일본에 귀국합니까？
…その前に免税店に行きます。	ク　ジョネ　ミョンセジョメ　カムニダ。 …그 전에 면세점에 갑니다.
…行く前に私に電話を下さい。	カギ　ジョネ　チョハンテ　チョヌァルル　チュセヨ。 …가기 전에 저한테 전화를 주세요.

■単語■　金曜日：금요일クミョイル　帰国：귀국クィグク　その前：그 전クジョン
　　　　 免税店：면세점ミョンセジョム　電話：전화チョヌァ

■解説■　◎「金曜日」は「금요일クミョイル」ですが、これに「日」という意味の「날ナル」をつけて「금요일날」ということも多いのです。「금요일날クミョイルラル」の発音に注意！（ 25 参照）
　　　　 ◎「行く前」は「가기 전カギジョン」と表現します。「가다カダ」は「行く」、「전チョン」は「前」、「기キ」は用言（この場合「가다」）を名詞化する要素です。

ソウルでひとこと46：映画を観る

…この映画、今日からやるんですか？	イ　ヨンファ、オヌルブト　ハムニカ？ …이 영화, 오늘부터 합니까？
…いいえ、明日からです。	アニョ、ネイルブトイムニダ。 …아뇨, 내일부터입니다.
…朝、何時から上映しますか？	アチム　ミョッシブト　サンヨンハムニカ？ …아침 몇 시부터 상영합니까？
…平日は10時50分からです。	ピョンイルラルン ヨルシ　オーシップンブトイムニダ。 …평일날은 열 시 오십 분부터입니다.
土曜日と日曜日は9時20分からです。	トヨイルハゴ　イリョイルン　アホプシ 토요일하고 일요일은 아홉 시 イーシップン　ブトエヨ。 이십 분 부터예요.

■単語■　映画：영화ヨンファ　やる／する：하다ハダ　朝：아침アチム　何時：몇 시ミョッシ
　　　　 上映：상영サンヨン　平日：평일ピョンイル　土曜日：토요일トヨイル
　　　　 日曜日：일요일イリョイル

■解説■　◎時刻の表現については 87c を参照。

ソウルでひとこと47：パンソリの公演

…パンソリの公演はどこでやりますか？	…판소리 공연은 어디서 합니까? パンソリ　コンヨヌン　オディソ　ハムニカ？
…「芸術の殿堂」で公演します。	…예술의 전당에서 공연합니다. イェスレ　チョンダンエソ　コンヨナムニダ。
…切符はどこで買いますか？	…표는 어디서 삽니까? ピョヌン　オディソ　サムニカ？
…前売り券売り場で買います。	…예매권 매장에서 삽니다. イェメクォン　メジャンエソ　サムニダ。

■単語■　パンソリ：판소리パンソリ　公演：공연コンヨン
　　　　　芸術の殿堂：예술의 전당イェスレ　チョンダン　切符：표ピョ　買う：사다サダ
　　　　　前売り券：예매권イェメクォン　売り場：매장メジャン

■解説■　◎ ソウルの江南地区に「芸術の殿堂」という芸術公演場があります。大小いくつものホールで西洋古典音楽や韓国の伝統芸術の公演が開かれています。ぜひ足をのばしてみるとよいでしょう。

ソウルでひとこと48：ホテルのフロントで

…水曜日までお泊まりですか？	…수요일날까지 숙박하십니까? スヨイルラルカジ　スッパカシムニカ？
…ええ、10月6日までです。	…네, 시월 육일까지입니다. ネ、シウォル ユギルカジイムニダ。
チェックアウトは何時までですか？	체크아웃은 몇 시까지입니까? チェックアウスン　ミョッシカジイムニカ？
…10時までです。	…열 시까지입니다. ヨルシカジイムニダ。

■単語■　水曜日：수요일スヨイル　泊まる：숙박하다スッパカダ
　　　　　チェックアウト：체크아웃チェックアウッ

■解説■　◎「お泊まりですか？」は、韓国語で「ご宿泊なさいますか？」と表現されています。「숙박하십니까?スッパカシムニカ」の「시シ」は尊敬の表現です。 61a 参照。

ソウルでひとこと49：市場で服を買う

…この服は何でつくるのですか？	…이 옷은 무엇으로 만들어요? <small>イ オスン ムオスロ マンドゥロヨ？</small>
…からむしでつくります。	…모시로 만들어요. <small>モシロ マンドゥロヨ</small>
夏の服としては最高ですよ。	여름 옷으로는 최고입니다. <small>ヨルム オスロヌン チェゴイムニダ</small>

■単語■　服：옷オッ　つくる：만들다マンドゥルダ　からむし：모시モシ　夏：여름ヨルム
　　　　　最高：최고チェゴ

■解説■　◎「からむし」は植物の名前で、やや粗くて涼しい服の素材としてよく使われます。「から＝韓」の「モシ＝모시」から由来する名と言われます。

ソウルでひとこと50：自己紹介

…はじめまして。	…처음 뵙겠습니다. <small>チョウム ペプケッスムニダ</small>
ソウル商社のイ・ウヨンです。	서울상사의 이우연입니다. <small>ソウルサンサエ イウヨニムニダ</small>
…東京物産のイケダ・マサヒロです。	…도쿄물산의 이케다 마사히로입니다. <small>トキョムルサネ イケダ マサヒロイムニダ</small>
今後よろしくお願いします。	앞으로 잘 부탁합니다. <small>アップロ チャル ブッタカムニダ</small>

■単語■　はじめて：처음チョウム　お目にかかる：뵙다ペプタ　商社：상사サンサ
　　　　　物産：물산ムルサン　今後：앞으로アップロ

■解説■　◎「はじめまして」「今後よろしくお願いします」もよく使う表現ですからこのまま覚えましょう。
　　　　　◎「처음 뵙겠습니다チョウム ペプケッスムニダ」の「겠ケッ」については、**63** 参照。自己を低めて控えめな意思を表わす言い方です。

ソウルでひとこと51：食べたり飲んだり

…ユウコさんは韓国料理も好きですか？	…유우코씨는 한국음식도 좋아합니까? (ユウコシヌン ハングクウムシクト チョアハムニカ？)
…ええ。キムチもサムゲタンも すべておいしいですね。	…네. 김치도 삼계탕도 다 맛있어요. (ネ。キムチド サムゲタンド ター マシッソヨ。)
…韓国のお酒も飲みますか？	…한국의 술도 마십니까? (ハングゲ スルド マシムニカ？)
…焼酎も農酒も好きですよ！	…소주도 농주도 좋아합니다! (ソジュド ノンジュド チョアハムニダ！)

■単語■　韓国：한국ハングク　料理：요리ヨリ／음식ウムシク　キムチ：김치キムチ
　　　　サムゲタン：삼계탕サムゲタン　すべて：다ター／모두モドゥ　飲む：마시다マシダ
　　　　焼酎：소주ソジュ　農酒：농주ノンジュ　好きだ：좋아하다チョアハダ

■解説■　◎「料理」は「요리ヨリ」ですが、食べ物自体を言うときは「음식ウムシク（飲食）」と言う方がふつうです。

ソウルでひとこと52：カバン屋さんで

…このリュックより あのカバンのほうが安いの？	…이 배낭보다 (イ ペナンボダ) 저 가방이 더 싸요? (チョ カバンイ ト サヨ？)
…日本のカバンよりは安いですよ。	…일본 가방보다는 싸요. (イルボン カバンボダヌン サヨ。)
…これよりあっちのほうがいいんですか？	…이것보다 저것이 더 좋아요? (イゴッボダ チョゴシ ト チョアヨ？)
…ものはいいけれどこれよりは高いですよ。	…물건은 좋지만 이것보다는 비싸요. (ムルゴヌン チョッチマン イゴッボダヌン ピッサヨ。)

■単語■　リュック：배낭ペナン　カバン：가방カバン　安い：싸다サダ　これ：이것イゴッ
　　　　あれ：저것チョゴッ　良い：좋다チョッタ　もの／品物：물건ムルゴン
　　　　高い：비싸다ピッサダ

■解説■　◎「좋아요」の発音は「チョハヨ」とならずに「チョアヨ」となります。　**19b** 参照。
　　　　◎「〜지만チマン」は「〜だが」「〜だけれど」という意味になります。

ソウルでひとこと53：明日行く場所

…明日行くお寺はどんなところですか？	…내일 갈 절은 어떤 곳이에요? ネイル カル チョルン オットン ゴシエヨ?
…昨日行ったお寺とは 　雰囲気が違いますよ。	…어제 간 절하고는 분위기가 オジェ カン チョラゴヌン ブニギガ 다릅니다. タルムニダ
…見どころが多いですか？	…볼 것이 많아요? ポル コシ マーナヨ?
…ええ、写真撮るところも 　たくさんありますよ。	…네, 사진 찍을 데도 많이 ネ サジン チグル テド マーニ 있습니다. イッスムニダ

■単語■　寺：절チョル　どんな：어떤オットン　ところ：곳コッ／데テ　昨日：어제オジェ
　　　　雰囲気：분위기ブニギ　違う：다르다タルダ　見る：보다ポダ　写真：사진サジン
　　　　撮る：찍다チクタ

■解説■　◎「見どころ」の韓国語「볼 것ポルコッ」は、「보다ポダ＝見る」の未来連体形볼に「것コッ＝もの」がついたかたちで、「見るべきもの」という意味です。このように、未来連体形は「〜すべき〜」という意味を持つことがあります。

ソウルでひとこと54：もっと良い品物は？

…もっと安いものはありませんか？	…더 싼 것은 없습니까? ト サン ゴスン オプスムニカ?
…この大きい財布はどうですか？	…이 큰 지갑은 어때요? イ クン チガブン オッテヨ?
…もう少し小さい財布がいいんですが…	…좀더 작은 지갑이 좋은데요… チョムド チャグン チガビ チョウンデヨ…
…こちらは？良い品物ですよ。	…이거는요? 좋은 물건입니다. イゴヌニョ? チョウン ムルゴンイムニダ

■単語■　もっと：더ト　大きい：크다クダ　財布：지갑チガブ　もう少し：좀더チョムド
　　　　小さい：작다チャクタ

■解説■　◎「どうですか？」というのは「어때요?オッテヨ」と表現します。このまま覚えてください。
　　　　◎「〜ㄴ(은)데요ン(ウン)デヨ」というのは、「〜なのですが…」と語尾を断定せず濁すときに使う表現です。
　　　　◎「이거는요イゴヌニョ」の「거ゴ」は「것コッ＝もの」が縮まったかたちです。

ソウルでひとこと 55：昨日あった品物

…昨日ここにあったお皿、ありませんか？	…어제 여기 있던 접시, 없습니까? オジェ ヨギ イットン チョプシ、オプスムニカ？
…どんなものですか？	…어떤 것입니까? オットン ゴシムニカ？
…花の模様があるお皿です。	…꽃무늬가 있는 접시입니다. コンムニガ インヌン チョプシイムニダ。
…蝶の模様のお皿はあるんですが…	…나비모양의 접시는 있습니다만… ナビモヤンエ チョプシヌン イッスムニダマン…

■単語■　ここ：여기ヨギ　お皿：접시チョプシ　どんな：어떤オットン　花：꽃コッ
　　　　　模様：무늬ムニ／모양モヤン　蝶：나비ナビ

■解説■　◎「ここに」は正確には「여기에ヨギエ」ですが、「에エ」を省略して「여기ヨギ」だけでも通じます。
　　　　　◎「있습니다만…イッスムニダマン」の「만マン」は「～だが」「～だけれども」という意味を表わします。

ソウルでひとこと 59：山登り

…登山はおもしろかったですか？	…등산은 재미있었어요? トゥンサヌン チェミイッソッソヨ？
…ええ、空気がとてもきれいでした。	…네, 공기가 아주 맑았습니다. ネ、コンギガ アジュ マルガッスムニダ。
…雪岳山はソウルから遠かったですか？	…설악산은 서울에서 멀었어요? ソラクサヌン ソウレソ モロッソヨ？
…いいえ、それほど遠くはなかったです。	…아뇨, 그렇게 멀지는 않았습니다. アニョ、クロッケ モルジヌン アナッスムニダ。
…おいしい食べ物がありましたか？	…맛있는 음식이 있었어요? マシッヌン ウムシギ イッソッソヨ？
…山菜料理がおいしかったですよ！	…산채요리가 맛있었습니다! サンチェヨリガ マシッソッスムニダ。

■単語■　登山：등산トゥンサン　おもしろい：재미있다チェミイッタ　空気：공기コンギ
　　　　　きれいだ＝清い：맑다マクタ　雪岳山：설악산ソラクサン　遠い：멀다モルダ
　　　　　それほど：그렇게クロッケ　山菜：산채サンチェ

■解説■　◎ 韓国人は山登りが大好き。雪岳山や智異山などの高い山からソウル近郊の山まで、休日は登山客で賑わいます。

ソウルでひとこと61：帽子屋さんで

…何をお探しですか？	…<ruby>무엇을<rt>ムオスル</rt></ruby> <ruby>찾으세요<rt>チャジュセヨ</rt></ruby>?
…帽子を、ちょっと…	…<ruby>모자를<rt>モジャルル</rt></ruby> <ruby>좀<rt>チョム</rt></ruby>…
…赤いのはお好きですか？	…<ruby>빨간<rt>パルガン</rt></ruby> <ruby>것은<rt>ゴスン</rt></ruby> <ruby>좋아하세요<rt>チョアハセヨ</rt></ruby>?
…ええ、でももう少し小さいのはありませんか？	…<ruby>네<rt>ネー</rt></ruby>, <ruby>근데<rt>クンデ</rt></ruby> <ruby>좀더<rt>チョムド</rt></ruby> <ruby>작은<rt>チャグン</rt></ruby> <ruby>건<rt>ゴン</rt></ruby> <ruby>없습니까<rt>オプスムニカ</rt></ruby>?
…これになさいますか？	…<ruby>이것으로<rt>イゴスロ</rt></ruby> <ruby>하십니까<rt>ハシムニカ</rt></ruby>?
よくお似合いですよ。	<ruby>잘<rt>チャル</rt></ruby> <ruby>어울리세요<rt>オウルリセヨ</rt></ruby>.

■単語■　探す：찾다チャッタ　帽子：모자モジャ　赤い：빨갛다パルガッタ　でも：근데クンデ
　　　　　よく：잘チャル　似合う：어울리다オウルリダ

■解説■　◎「小さいの」の「건コン」は「것은コスン」の縮まったかたちです。
　　　　　◎「これになさいますか？」の「に」は「으로ウロ」という助詞（**49b**）を使います。

ソウルでひとこと63：明日の予定

…明日、民俗村に行くつもりですか？	…<ruby>내일<rt>ネイル</rt></ruby> <ruby>민속촌에<rt>ミンソクチョネ</rt></ruby> <ruby>가겠습니까<rt>カゲッスムニカ</rt></ruby>?
…行きません。	…<ruby>안<rt>アン</rt></ruby> <ruby>가요<rt>ガヨ</rt></ruby>.
…それじゃあ何をしますか？	…<ruby>그럼<rt>クロム</rt></ruby> <ruby>뭘<rt>ムオル</rt></ruby> <ruby>하겠습니까<rt>ハゲッスムニカ</rt></ruby>?
…ショッピングするつもりです。	…<ruby>쇼핑하겠어요<rt>ショッピンハゲッソヨ</rt></ruby>.

■単語■　民俗村：민속촌ミンソクチョン　ショッピング：쇼핑ショッピン

■解説■　◎「何を」の「뭘ムオル」は「무엇을ムオスル」→「뭐를ムォルル」→「뭘ムォル」と縮まったものです。

ソウルでひとこと64：空港で

…成田行きの飛行機は到着が遅くなるでしょう。	…나리타행 ビヘンギヌン 비행기는 トチャギ ヌジョジル コシムニダ 도착이 늦어질 것입니다.
…何時ごろに到着するでしょうか？	ミョッシ チュメ トチャッカルカヨ？ …몇 시 쯤에 도착할까요？
…8時20分ごろ到着するでしょう。	ヨドル シ イーシップン チュメ …여덟 시 이십 분 쯤에 トチャクテル コシムニダ 도착될 것입니다.

■単語■ 行き：행ヘン 飛行機：비행기ビヘンギ 到着：도착トチャク
遅くなる：늦어지다ヌジョジダ ごろ：쯤チュム

■解説■ ◎「遅くなる」は「늦어지다ヌジョジダ」と言います。これは、「늦다ヌッタ＝遅い」に「어지다オジダ」がついたかたちです。「～아／어 지다」がつくと、「～になる」という表現になります。
◎「～ㄹ（을）까요 ル（ウル）カヨ」は「～でしょうか」という意味を表わす語尾です。
◎「도착하다トチャッカダ」も「도착되다トチャクテダ」も「到着する」という意味になります。

ソウルでひとこと65：お金とクレジットカード

…ホテルで円をウォンに換えられますか？	ホテレソ エヌァルル ウォヌロ パックルス …호텔에서 엔화를 원으로 바꿀 수 イッスムニカ？ 있습니까？
…ええ、できますよ。	ネ、ハルス イッソヨ …네, 할 수 있어요.
…お店でクレジットカードは使用できますか？	カゲエソ シニョンカドゥヌン …가게에서 신용카드는 サヨンハル ス イッスムニカ？ 사용할 수 있습니까？
…使えない店もありますよ。	スル ス オムヌン カゲド イッソヨ …쓸 수 없는 가게도 있어요.

■単語■ 円：엔エン／엔화エヌァ 換える：바꾸다パックダ クレジットカード：신용카드シニョンカドゥ
使用する：사용하다サヨンハダ 使う：쓰다スダ

■解説■ ◎ 観光客が行くような店ではたいていカードが使えます。

ソウルでひとこと66：お腹いっぱいです

…たくさん食べましたか？	…많이 먹었어요？ （マーニ　モゴッソヨ？）
…ええ、これ以上食べられないわ。	…네, 더 이상 못 먹겠습니다. （ネ、ト　イサン　モン　モッケッスムニダ.）
…果物食べる？	…과일 먹어요？ （クァイル　モゴヨ？）
…本当に食べられませんよ！	…정말로　못　먹겠습니다！ （チョンマルロ　モン　モッケッスムニダ！）

■単語■　これ以上：더 이상 トイサン　果物：과일 クァイル　本当に：정말로 チョンマルロ

ソウルでひとこと67：飛行機の予約とリコンファーム

…飛行機の切符を予約しなくてはなりませんか？	…비행기 표를 예약해야 됩니까？ （ピヘンギ　ピョルル　イェヤケヤ　デムニカ？）
…ええ、それからリコンファームもしなくてはなりません。	…네, 그리고 재확인도 해야 돼요. （ネ、クリゴ　チェファギンド　ヘヤ　デヨ.）
…リコンファームはいつしなくてはならないんですか？	…재확인은 언제 해야 합니까？ （チェファギヌン　オンジェ　ヘヤ　ハムニカ？）
…3日前までに電話しなくてはなりません。	…삼일 전까지 전화해야 해요. （サミル　ジョンカジ　チョヌァヘヤ　ヘヨ.）

■単語■　予約：예약 イェヤク　リコンファーム：재확인 チェファギン（再確認）　いつ：언제 オンジェ
　　　　　3日：삼일 サミル　前：전 チョン

128

ソウルでひとこと68：市場に行きたい

…どこへいらっしゃりたいんですか？	…<ruby>어디로<rt>オディロ</rt></ruby> <ruby>가고<rt>カゴ</rt></ruby> <ruby>싶으세요<rt>シップセヨ</rt></ruby>？
…南大門市場に行きたいんです。	…<ruby>남대문시장에<rt>ナムデムンシジャンエ</rt></ruby> <ruby>가고<rt>カゴ</rt></ruby> <ruby>싶어요<rt>シッポヨ</rt></ruby>。
…南大門市場で何をなさりたいんですか？	…남대문시장에서 뭘 하고 싶으세요?
…私は服を買いたいわ！	…저는 옷을 사고 싶어요.
チマチョゴリも見たいです。	치마저고리도 보고 싶어요.
…僕は豚足を食べたいな。	…나는 족발을 먹고 싶어요.
それから焼酎も飲みたいです。	그리고 소주도 마시고 싶어요.

■単語■　南大門：남대문ナムデムン　市場：시장シジャン
　　　　チマチョゴリ：치마저고리チマジョゴリ　豚足：족발チョッパル　それから：그리고クリゴ

ソウルでひとこと69：嫌です

…アサミさん、さなぎはおいしいですよ。	…아사미씨, 뻔데기는 맛있어요.
…食べたくないです。	…먹고 싶지 않아요.
…犬焼酎は体にいいですよ。	…개소주는 몸에 좋아요.
…飲みたくないです！	…마시기 싫어요!

■単語■　さなぎ：뻔데기ポンデギ　犬焼酎：개소주ケソジュ　体：몸モム

■解説■　◎「뻔데기ポンデギ」とはさなぎを煮た食べ物で、韓国の街角で売っています。女性が間食としてよく食べます。
　　　　◎「개소주ケソジュ」とは犬を釜で煮てそのエキスと焼酎を合わせて飲むもので、強精剤として人気があります。

ソウルでひとこと70：電話をかける

…もしもし、

　イ・ウヨンさんお願いします。

…少しお待ちください。

　只今イ・ウヨンさんは

　いらっしゃいません。

　午後にもういちど（電話を）

　おかけください。

<small>ヨボセヨ？</small>
…여보세요?

<small>イウヨンシ　　プッタカムニダ</small>
　이우연씨 부탁합니다.

<small>チャムカンマン　キダリシプシオ</small>
…잠깐만　기다리십시오.

<small>チグム　イウヨンシヌン</small>
　지금 이우연씨는

<small>アンゲシムニダ</small>
　안 계십니다.

<small>オフエ　　タシ　　チョヌァヘ　　ジュセヨ</small>
　오후에 다시 전화해　주세요.

■単語■　もしもし：여보세요ヨボセヨ　少しの間：잠깐만チャムカンマン　午後：오후オフ
　　　　もういちど：다시タシ

■解説■　◎「〜してください（依頼）」は「〜아／어形＋주세요ジュセヨ」と表現します。

ソウルでひとこと71：電話しなさい

…じゃあ、また会おうね。

…家に着いたら必ず電話しなさい。

…うん、じゃあさよなら。

<small>クロム　ト　マンナヨ</small>
…그럼 또 만나요.

<small>チベ　トチャッカミョン　コク　チョヌァヘラ</small>
…집에 도착하면 꼭 전화해라.

<small>ウン、クロム　アンニョン</small>
…응, 그럼 안녕!

■単語■　また：또ト　会う：만나다マンナダ　必ず：꼭コク／반드시パンドゥシ

■解説■　◎「〜(으)면(ウ)ミョン」は「〜するなら」「〜すれば」という仮定を表わします。

ソウルでひとこと72：目上の人の前では礼儀正しく

…韓国では、目上の人の前で煙草をお吸いにならないでください。	…한국에서는 어른 앞에서 담배를 피우지 마십시오. ハングゲソヌン　オルン　アッペソ　タムベルル　ピウジ　マシプシオ
…はい、わかりました。	…네, 알았어요. ネ、アラッソヨ
…つねに礼儀を忘れないでください。	…항상 예의를 잊지 마십시오. ハンサン　イェイルル　イッチ　マシプシオ
…はい、わかりました。	…예, 알겠습니다. イェ、アルゲッスムニダ

■単語■　目上の人：어른オルン　煙草：담배タムベ　吸う：피우다ピウダ　わかる：알다アルダ
　　　　つねに：항상ハンサン　礼儀：예의イェイ　忘れる：잊다イッタ

■解説■　◎「はい」の「예イェ」は「네ネ」よりもかしこまった言い方で、特に目上の人に対して使います。
　　　　◎「わかりました」の「알겠습니다アルゲッスムニダ」は「알았습니다アラッスムニダ」よりもかしこまった言い方です。

ソウルでひとこと73：おいしいものを食べる自由

…焼肉、コムタン、チゲ…毎日食べすぎだわ。	…불고기, 곰탕, 찌개…매일 너무 많이 먹는 것 같아요. プルゴギ、コムタン、チゲ…メイル　ノム　マーニ　モンヌン　ゴッ　カッタヨ
…じゃあこれ以上食べるなよ。	…그럼 더 이상 먹지 마라. クロム　ト　イサン　モクチ　マラ
…あたしの自由を奪わないでよ。	…나의 자유를 빼앗지 마요! ナエ　チャユルル　ペアッチ　マヨ
…痛い!ぶつなよ!	…아퍼! 때리지 마! アッポ！テリジ　マ！

■単語■　焼肉：불고기プルゴギ　コムタン：곰탕コムタン　チゲ：찌개チゲ　毎日：매일メイル
　　　　自由：자유チャユ　奪う：빼앗다ペアッタ　ぶつ：때리다テリダ

■解説■　◎「〜しすぎだ」は「너무 + 用言」で表わします。「너무ノム」は「あまりにも」という意味の副詞です。
　　　　◎「連体形 + 것 같다 コッ カッタ」は「〜のようだ」という言い方です。
　　　　◎「아퍼アッポ」は「아프다アップダ（痛い）」の「〜아／어形」である「아파アッパ」の音が変化したものです。

ソウルでひとこと 74：写真を撮りましょう

…とても高い山ですね。	アジュ ノップン サニグニョ。 …아주 높은 산이군요.
…頂上まで登りましょう。	チョンサンカジ オルラガプシダ。 …정상까지 올라갑시다.
…てっぺんで一緒に写真を撮りましょうね！	コクテギエソ カッチ サジヌル …꼭대기에서 같이 사진을 チグプシダ 찍읍시다!

■単語■ 　高い：높다ノプタ　山：산サン　頂上：정상チョンサン　登る：올라가다オルラガダ
　　　　 てっぺん：꼭대기コクテギ

■解説■ 　◎「～군요クニョ」は「～ですねえ」「～ますねえ」という意味を表わす語尾です。

ソウルでひとこと 75：今何してるの？

…今、何をしてるの？	チグム ムォル ハゴ イッソヨ？ …지금 뭘 하고 있어요?
…夕ごはんを食べていました。	チョニョグル モッコ イッソッソヨ。 …저녁을 먹고 있었어요.
…ヘウォンも一緒にいるの？	ヘウォニド カッチ イッソヨ？ …혜원이도 같이 있어요?
…ええ、テレビを見ていますよ。	ネ、テルレビル ポゴ イッソヨ。 …네, 텔레비를 보고 있어요.

■単語■ 　夕ごはん：저녁チョニョク　テレビ：텔레비テルレビ　見る：보다ポダ

■解説■ 　◎「먹고 있었어요モッコ イッソッソヨ」は「먹고 있어요モッコ イッソヨ（食べています）」の過去形です。
　　　　 ◎「혜원ヘウォン」のように子音で終わる名前のときは、「이」や「아」をつけて語調を整えることがよくあります。

ソウルでひとこと76：座席はありますか？

…成田行きの飛行機、座席ありますか？	…나리타행 비행기, 좌석 있습니까?
…まだ残っているでしょう。	…아직 남아 있을 겁니다.
…どのくらい残っているでしょうか？	…얼마나 남아 있을까요?
…それはわかりません。	…그건 모르겠습니다.

■単語■ 座席：좌석チャソク　まだ：아직アジク　残る：남다ナムタ　どのくらい：얼마나オルマナ
わからない：모르다モルダ

■解説■ ◎「모르겠습니다モルゲッスムニダ」は「모릅니다モルムニダ（わかりません）」よりも控え目でかしこまった気持ちを表現した言い方です。

ソウルでひとこと77：運転免許

…キタオカさんは国際免許持ってるんでしょ。	…기타오카씨는 국제면허를 가지고 있지요?
…ええ。でも私に運転させないでくださいよ。	…네, 하지만 저한테 운전하게 하지 마세요.
…なぜ？	…왜요?
…無闇にさせると大変なことになりますよ。私はペーパードライバーですから。	…함부로 시키면 큰 일 나요. 저의 면허는 장롱면허이니까요.

■単語■ 国際：국제ククチェ　免許：면허ミョノ　持つ：가지다カジダ　運転：운전ウンジョン
なぜ：왜ウェ　無闇に：함부로ハムブロ　大変なことになる：큰 일 나다クニルラダ

■解説■ ◎「〜지요チョ（縮まって죠とも書く）」は「〜でしょう」という意味を表わす語尾です。
◎「장롱チャンノン」はタンスなので、「장롱면허チャンノンミョノ」は「タンス免許」という意味です。

ソウルでひとこと79：払い戻し

…今日の公演は急に中止になりました。	オヌル　コンヨヌン　カプチャギ …오늘 공연은 갑자기 チュィソデオッスムニダ。 취소되었습니다.
…チケットはどうなりますか?	ピョヌン オットケ　デムニカ？ …표는 어떻게 됩니까?
…払い戻しされるでしょう。	ファンブル　テル コシムニダ。 …환불　될 것입니다.

■単語■　中止：취소チュィソ（取消）　払い戻し：환불ファンブル

ソウルでひとこと82：何という食べ物ですか？

…この食べ物は韓国語で何と言いますか?	イ　ウムシグン　ハングンマルロ　ムォラゴ　ハムニカ？ …이 음식은 한국말로 뭐라고 합니까?
…これはビビンバと言います。	イゴン　ビビムバビラゴ　　ヘヨ。 …이건 비빔밥이라고 해요.
…あれは何というお酒ですか?	チョゴン ムォラゴ　ハヌン スリムニカ？ …저건 뭐라고 하는 술입니까?
…トンドン酒と言います。	トンドンジュラゴ　ヘヨ。 …동동주라고 해요.

■単語■　韓国語：한국말ハングンマル／한국어ハングゴ　ビビンバ：비빔밥ビビムバブ
　　　　トンドン酒：동동주トンドンジュ

ソウルでひとこと83：電話番号は？

…ヘウォンさん！ 家の電話番号は何番ですか?

…02-785-3419よ。

…携帯電話はあるの？

…あるわよ。011-835-4297よ。

<small>ヘウォンシ！チプ チョナボノヌン　ミョッポニエヨ？</small>
…혜원씨! 집 전화번호는 몇 번이에요?

<small>コンイーエ　チルパロエ　　サムサーイルグイエヨ。</small>
…공이의 칠팔오의 삼사일구이에요.

<small>ヘンドゥポヌン イッソヨ？</small>
…핸드폰은 있어요?

<small>イッソヨ。　コンイリイレ　パルサモエ</small>
…있어요. 공일일의 팔삼오의

<small>サーイークチリエヨ。</small>
사이구칠이에요.

■単語■　家：집チプ　番号：번호ポノ　～番：번ポン　携帯電話：핸드폰ヘンドゥポン

ソウルでひとこと84：店で値切る

…これいくらですか?

…126000ウォンですよ。

…高いですよ。
　ちょっとまけてくださいよ。

…じゃあ、90000ウォン。

…80000ウォンにしてくださいよ。

<small>イゴ　オルマイムニカ？</small>
…이것 얼마입니까?

<small>シビーマン　ユクチョヌォニエヨ。</small>
…십이만 육천원이에요.

<small>ピッサヨ。　チョム カッカ ジュセヨ。</small>
…비싸요. 좀 깎아 주세요.

<small>クロム クマヌォン。</small>
…그럼 구만원.

<small>パルマヌォヌロ　ヘジュセヨ。</small>
…팔만원으로 해 주세요.

■単語■　いくら：얼마オルマ　ウォン：원ウォン　ちょっと：좀チョム　まける：깎다カクタ

ソウルでひとこと87：バスの発車時刻は？

…次の春川行きのバスは 　何時出発ですか？ …11時15分です。 　今10時54分だから21分待ちます。	…다음 춘천행 버스는 몇 시 　출발입니까? …열 한 시 십오 분입니다. 　지금 열 시 오십사 분이니까 　이십일 분 기다립니다.

■単語■　次：다음タウム　春川：춘천チュンチョン　バス：버스ポス　出発：출발チュルバル
　　　　待つ：기다리다キダリダ
■解説■　◎「〜(으)니까(ウ)ニカ」は「〜ので」「〜だから」という意味を表わします。

ソウルでひとこと88：誕生日はいつ？

…誕生日はいつですか？ …10月28日です。 …何年生まれですか？ …1975年生まれです。 …じゃあ私と同い歳ですね！	…생일은 언제입니까? …시월 이십팔일입니다. …몇 년 생이에요? …천구백칠십오년　생입니다. …그럼 나와 동갑이네요!

■単語■　誕生日：생일センイル　生まれ：생セン　同い歳：동갑トンガプ
■解説■　◎「〜네요ネヨ」は、「〜ですね」「〜なんですねえ」というニュアンスの語尾です。

あいさつ

**日常で最もよく使われる
ものだけを集めました。**

◎ 「あいさつ」は、CDトラック14に収録されています。

❶ 안녕하세요?　アンニョンハセヨ?
❷ 안녕하십니까?　アンニョンハシムニカ?
　■単語■　안녕アンニョン：安寧
　■意味■　❶❷こんにちは。／おはよう。／こんばんは。

❸ 안녕히 가세요.　アンニョンヒ　カセヨ。
❹ 안녕히 계세요.　アンニョンヒ　ケセヨ。
　■単語■　안녕히アンニョンヒ：安寧に／가다カダ：行く／계시다ケシダ：いらっしゃる
　■意味■　❸（去る人に）さようなら。　❹（残る人に）さようなら。

❺ 오래간만입니다.　オレガンマニムニダ。
　■単語■　오래간만オレガンマン：久しぶり
　■意味■　お久しぶりです。

❻ 앞으로 잘 부탁합니다.　アップロ　チャル　プッタカムニダ。
　■単語■　앞으로アップロ：今後／잘チャル：よく／부탁プッタク：お願い
　■意味■　これからよろしくお願いします。

❼ 저는 ～입니다.　チョヌン　～イムニダ。
　■単語■　저チョ：私
　■意味■　私は～です。

❽ 저는 ～라고 합니다.　チョヌン　～ラゴ　ハムニダ。
　■意味■　私は～と言います（申します）。

❾ 성함이 어떻게 되세요?　ソンハミ　オットッケ　デェセヨ?
❿ 이름이 뭐예요?　イルミ　ムォエヨ?
　■単語■　성함ソンハム：お名前／어떻게オットッケ：どう／되다テェダ：なる
　　　　　　이름イルム：名前／뭐ムォ：何
　■意味■　❾ お名前は何とおっしゃいますか?　❿ 名前は何て言うの?

⓫ 연세가 어떻게 되세요?　ヨンセガ　オットッケ　デェセヨ?
⓬ 몇살입니까?　ミョッサリムニカ?
　■単語■　연세ヨンセ：お歳／몇ミョッ：いくつ／살サル：歳
　■意味■　⓫ お歳はおいくつですか?　⓬ 何歳ですか?

⓭ 어디서 오셨어요?　オディソ　オショッソヨ?
⓮ 고향이 어디예요?　コヒャンイ　オディエヨ?
　■単語■　어디オディ：どこ／오다オダ：来る／고향コヒャン：故郷
　■意味■　⓭ どこからいらっしゃいましたか?　⓮ ふるさとはどこですか?

❶❺ 저는 ~에서 왔습니다.　チョヌン ~エソ　ワッスムニダ。
　■単語■　에서エソ：から
　■意味■　私は~から来ました。

❶❻ 감사합니다.　カムサハムニダ。
❶❼ 고맙습니다.　コマプスムニダ。
❶❽ 고마워요.　コマウォヨ。
　■単語■　감사カムサ：感謝／고맙다コマプタ：ありがたい
　■意味■　❶❻ ❶❼ ありがとうございます。❶❽ ありがとう。

❶❾ 천만에요.　チョンマネヨ。
❷⓿ 천만의 말씀입니다.　チョンマネ　マルスミムニダ。
❷❶ 괜찮아요.　クェンチャナヨ。
　■単語■　천만チョンマン：千万／말씀マルスム：お言葉／괜찮다クェンチャンタ：大丈夫だ、構わない
　■意味■　❶❾ どういたしまして。❷⓿ とんでもございません。❷❶ 大丈夫ですよ。

❷❷ 미안합니다.　ミアナムニダ。
❷❸ 죄송합니다.　チェソンハムニダ。
　■単語■　미안하다ミアナダ：すまない、申し訳ない／죄송하다チェソンハダ：申し訳ない、恐縮だ
　■意味■　❷❷ ごめんなさい。すみません。❷❸ 申し訳ございません。

❷❹ 잘 먹었습니다.　チャル　モゴッスムニダ。
　■単語■　먹다モクタ：食べる
　■意味■　ごちそうさまでした。

❷❺ 축하합니다.　チュッカハムニダ。
❷❻ 축하해요.　チュッカヘヨ。
　■単語■　축하チュッカ：祝賀
　■意味■　❷❺ ❷❻ おめでとうございます。

❷❼ 수고 했습니다!　スゴ　ヘッスムニダ!
　■単語■　수고スゴ：ご苦労
　■意味■　おつかれさま!

❷❽ 또 만납시다!　ト　マンナプシダ!
　■単語■　또ト：また／만나다マンナダ：会う
　■意味■　また会いましょう!

単語帳

韓国旅行でぜひ必要な単語600語を厳選しました。

	あ				
愛	사랑	サラン	雨	비	ピ
会う	만나다	マンナダ	雨が降る	비가 오다	ピガオダ
青い	파랗다	パラッタ	アメリカ	미국	ミグヶ
赤い	빨갛다	パルガッタ	アメリカ人	미국사람	ミグヶサラム
明るい	밝다	パヶタ	洗う	씻다	シッタ
赤ん坊	아기	アギ	現われる	나타나다	ナタナダ
秋	가을	カウル	ありがたい	고맙다	コマプタ
開く	열리다	ヨルリダ	ある	있다	イッタ
開ける	열다	ヨルダ	歩く	걷다	コッタ
空ける	비우다	ピウダ	あれ	저것	チョゴッ
あげる	주다	チュダ	あんまり	너무	ノム
朝	아침	アチム		い	
脚	다리	タリ	胃	위	ウィ
足	발	パル	いいえ	아뇨	アニョ
味	맛	マッ	言う	말하다	マラダ
あした	내일	ネイル	家	집	チプ
遊ぶ	놀다	ノルダ	生きる	살다	サルダ
与える	주다	チュダ	行く	가다	カダ
暖かい	따뜻하다	タトゥッタダ	いくつ	몇	ミョッ
頭	머리	モリ	いくら	얼마	オルマ
新しい	새롭다	セロプタ	医者	의사	ウィサ
暑い	덥다	トプタ	忙しい	바쁘다	パップダ
集まる	모이다	モイダ	痛い	아프다	アップダ
兄（弟にとって）	형	ヒョン	一度	한번	ハンボン
兄（妹にとって）	오빠	オッパ	市場	시장	シジャン
姉（弟にとって）	누나	ヌナ	いつ／いつか	언제	オンジェ
姉（妹にとって）	언니	オンニ	一生懸命	열심히	ヨルシミ
甘い	달다	タルダ	一緒に	같이 カッチ／함께	ハムケ
余る	남다	ナムタ	いつも	항상	ハンサン
				언제나	オンジェナ

		늘 ヌル	絵	그림 クリム
いとこ	사촌 サチョン		映画	영화 ヨンファ
いない	없다 オプタ		英語	영어 ヨンオ
犬	개 ケ		描く	그리다 クリダ
今	지금 チグム		駅	역 ヨク
妹	여동생 ヨドンセン		円（お金の単位）	엔 エン／엔화 エヌァ
いらっしゃる	계시다 ケシダ		**お**	
入り口	입구 イプク		おいしい	맛있다 マシッタ
いる	있다 イッタ		多い	많다 マンタ
入れる	넣다 ノッタ		大きい	크다 クダ
う			お金	돈 トン
上	위 ウィ		起きる	일어나다 イロナダ
ウォン	원 ウォン		置く	두다 トゥダ／놓다 ノッタ
受ける	받다 パッタ		送る	보내다 ポネダ
動く	움직이다 ウムジギダ		お言葉	말씀 マルスム
後ろ	뒤 ティ		遅い	늦다 ヌッタ
薄い	얇다 ヤルタ		夫	남편 ナムピョン
嘘	거짓말 コジンマル		音	소리 ソリ
歌	노래 ノレ		弟	남동생 ナムドンセン
歌う	부르다 プルダ		男	남자 ナムジャ
移す	옮기다 オムギダ		お歳	연세 ヨンセ
腕	팔 パル		おとな（目上の人）	어른 オルン
奪う	빼앗다 ペアッタ		お名前	성함 ソンハム
海	바다 パダ		同い歳	동갑 トンガプ
産む	낳다 ナッタ		同じだ	같다 カッタ
売り場	매장 メジャン		お願い	부탁 プッタク
売る	팔다 パルダ		お目にかかる	뵙다 ペプタ
うれしい	기쁘다 キップダ		重い	무겁다 ムゴプタ
運転	운전 ウンジョン		思う	생각하다 センガッカダ
え			おもしろい	재미있다 チェミイッタ

お休みになる	주무시다	チュムシダ	構わない	괜찮다	クェンチャンタ
音楽	음악	ウマク	我慢する	참다	チャムタ
温泉	온천	オンチョン	紙	종이	チョンイ
オンドル部屋	온돌방	オンドルバン	通う	다니다	タニダ
女	여자	ヨジャ	辛い	맵다	メプタ
か			体	몸	モム
会議	회의	フェイ	軽い	가볍다	カビョプタ
会社	회사	フェサ	川	강	カン
会社員	회사원	フェサウォン	考える	생각하다	センガッカダ
買う	사다	サダ	韓国	한국	ハングク
帰る	돌아가다	トラガダ	韓国語	한국어	ハングゴ
換える	바꾸다	パックダ		한국말	ハングンマル
顔	얼굴	オルグル	韓国人	한국사람	ハングクサラム
書く	쓰다	スダ	感謝	감사	カムサ
学生	학생	ハクセン	患者	환자	ファンジャ
傘	우산	ウサン	感じる	느끼다	ヌッキダ
菓子	과자	クァジャ	簡単だ	쉽다	シプタ
風	바람	パラム	韓定食	한정식	ハンジョンシク
風邪	감기	カムギ	**き**		
風邪をひく	감기들다	カムギトゥルダ	木	나무	ナム
家族	가족	カジョク	黄色い	노랗다	ノラッタ
肩	어깨	オッケ	聞く	듣다	トゥッタ
課長	과장	クァジャン	聞こえる	들리다	トゥルリダ
勝つ	이기다	イギダ	帰国する	귀국하다	クィグッカダ
学校	학교	ハッキョ	汚い	더럽다	トロプタ
悲しい	슬프다	スルプダ	切手	우표	ウピョ
必ず	반드시 パンドゥシ／꼭 コク		切符	표	ピョ
かなり	꽤	クェ	きのう	어제	オジェ
金（かね）	돈	トン	キムチ	김치	キムチ
カバン	가방	カバン	客	손님	ソンニム

急に	갑자기 カプチャギ	結構	꽤 クェ
牛乳	우유 ウユ	結婚	결혼 キョロン
清い	맑다 マクタ	健康	건강 コンガン
今日	오늘 オヌル		こ
兄弟	형제 ヒョンジェ	コーヒー	커피 コッピ
去年	작년 チャンニョン	公演	공연 コンヨン
嫌いだ	싫다 シルタ	公園	공원 コンウォン
着る	입다 イプタ	紅茶	홍차 ホンチャ
気をつかう	신경쓰다 シンギョンスダ	氷	얼음 オルム
	く	故郷	고향 コヒャン
空気	공기 コンギ	国際	국제 ククチェ
空港	공항 コンハン	国籍	국적 ククチョク
空腹だ	배가 고프다 ペガコップダ	ここ	여기 ヨギ
薬	약 ヤク	午後	오후 オフ
果物	과일 クァイル	心	마음 マウム
口	입 イプ	腰	허리 ホリ
唇	입술 イプスル	午前	오전 オジョン
靴	구두 クドゥ	答える	대답하다 テダッパダ
靴下	양말 ヤンマル	今年	올해 オレ
国	나라 ナラ	言葉	말 マル
首	목 モク	こども	아이 アイ
雲	구름 クルム	このごろ	요즈음 ヨジュウム
暗い	어둡다 オドゥプタ	ごはん	밥 パプ
暮らす	살다 サルダ	米	쌀 サル
来る	오다 オダ	これ	이것 イゴッ
車	차 チャ	これ以上	더 이상 トイサン
クレジットカード	신용카드 シニョンカドゥ	～ごろ	～쯤 チュム
黒い	까맣다 カマッタ	今月	이번달 イボンタル
	け	今後	앞으로 アップロ
携帯電話	핸드폰 ヘンドゥポン	今週	이번주 イボンチュ

	さ				
～歳	살 サル／세 セ		自動車	자동차	チャドンチャ
最後	마지막 マジマク／끝 クッ		品物	물건	ムルゴン
最高	최고 チェゴ		死ぬ	죽다	チュクタ
在日韓国人(在日僑胞)	재일교포 チェイルキョッポ		しばしば	자주	チャジュ
財布	지갑 チガプ		島	섬	ソム
探す	찾다 チャッタ		閉める	닫다	タッタ
魚(生物としての魚)	물고기 ムルコギ		写真	사진	サジン
魚(食べる魚)	생선 センソン		(写真を)撮る	찍다	チクタ
先に	먼저 モンジョ		社長	사장	サジャン
酒	술 スル		シャツ	샤쓰	シャス
叫ぶ	외치다 ウェチダ		週	주	チュ
座席	좌석 チャソク		祝賀	축하	チュッカ
サッカー	축구 チュック		手術	수술	ススル
さっき	아까 アッカ		出張	출장	チュルチャン
雑誌	잡지 チャプチ		出発する	출발하다	チュルバラダ
砂糖	설탕 ソルタン		賞	상	サン
寒い	춥다 チュプタ		使用	사용	サヨン
皿	접시 チョプシ		上映	상영	サンヨン
～さん	～씨 シ		商社	상사	サンサ
	し		焼酎	소주	ソジュ
			食事	식사	シクサ
塩	소금 ソグム		植物	식물	シンムル
時間	시간 シガン		しょっぱい	짜다	チャダ
仕事	일 イル		ショッピング쇼핑		ショッピン
辞書	사전 サジョン		知らない	모르다	モルダ
静かだ	조용하다 チョヨンハダ		知る	알다	アルダ
下	아래 アレ／밑 ミッ		白い	하얗다	ハヤッタ
舌	혀 ヒョ		診察	진찰	チンチャル
従う	따르다 タルダ		信じる	믿다	ミッタ
質問する	질문하다 チルムナダ		心配する	걱정하다	コクチョンハダ

新聞	신문	シンムン	祖父	할아버지	ハラボジ
す			祖母	할머니	ハルモニ
スカート	치마	チマ	空	하늘	ハヌル
好きだ	좋아하다	チョアハダ	それから	그리고	クリゴ
すぐ	곧	コッ	それでは	그럼	クロム
少ない	적다	チョクタ		그러면	クロミョン
少し	조금	チョグム	そんなに	그렇게	クロッケ
涼しい	시원하다	シウォナダ	**た**		
酸っぱい	시다	シダ	大学	대학교	テハッキョ
捨てる	버리다	ポリダ	大丈夫だ	괜찮다	クェンチャンタ
砂	모래	モレ	台所	부엌	プオク
すべて	다／모두	ター／モドゥ	たいへんだ	큰일 나다	クニルラダ
ズボン	바지	パジ	倒れる	쓰러지다	スロジダ
すまない	미안하다	ミアナダ	高い（高さが）	높다	ノプタ
住む	살다	サルダ	高い（値段が）	비싸다	ピッサダ
する	하다	ハダ	互いに	서로	ソロ
座る	앉다	アンタ	抱く	안다	アンタ
せ			たくさん	많이	マーニ
絶対に	절대로	チョルテロ	タクシー	택시	テクシ
背中	등	トゥン	尋ねる	묻다	ムッタ
ぜひ	꼭	コク	ただちに	당장	タンジャン
狭い	좁다	チョプタ	立つ	서다	ソダ
先月	지난달	チナンダル	縦	세로	セロ
選手	선수	ソンス	頼む	부탁하다	プッタカダ
先週	지난주	チナンジュ	煙草	담배	タムベ
先生	선생님	ソンセンニム	（煙草を）吸う	피우다	ピウダ
そ			食べ物	음식	ウムシク
相談する	상의하다	サンイハダ	食べる	먹다	モクタ
育てる	키우다	キウダ	玉子	계란	ケラン
外	밖	パク	だまされる	속다	ソクタ

誰	누구	ヌグ		作る	만들다	マンドゥルダ
誰が	누가	ヌガ		慎む	삼가다	サムガダ
誕生日	생일	センイル		妻	아내	アネ
だんだん	점점	チョムジョム		爪（足の）	발톱	パルトプ
ち				爪（手の）	손톱	ソントプ
血	피	ピ		冷たい	차다	チャダ
小さい	작다	チャクタ		強い	세다	セダ
チェックアウト	체크아웃	チェックアウッ		**て**		
チェックイン	체크인	チェックイン		手	손	ソン
近い	가깝다	カッカプタ		手紙	편지	ピョンジ
違う	다르다	タルダ		出て行く	나가다	ナガダ
近くに	가까이	カッカイ		デパート	백화점	ペックァジョム
地下鉄	지하철	チハチョル		手袋	장갑	チャンガプ
父	아버지	アボジ		寺	절	チョル
チマチョゴリ	치마저고리	チマジョゴリ		テレビ	텔레비	テルレビ
茶	차	チャ		天気	날씨	ナルシ
中国	중국	チュングク		電話	전화	チョヌァ
中国人	중국사람	チュングクサラム		電話番号	전화번호	チョヌァボノ
中止（取消）	취소	チュイソ		**と**		
昼食	점심	チョムシム		トイレ	화장실	ファジャンシル
腸	장	チャン		どうか	부디	プディ
朝食	아침	アチム		到着する	도착하다	トチャッカダ
直接	직접	チクチョプ		動物	동물	トンムル
ちょっと	좀	チョム		遠い	멀다	モルダ
ちょっとの間	잠깐	チャムカン		遠く	멀리	モルリ
つ				解く	풀다	プルダ
使う	쓰다	スダ		特に	특히	トゥッキ
つかまえる	잡다	チャプタ		時計	시계	シゲ
月	달	タル		溶ける	녹다	ノクタ
次	다음	タウム		どこ	어디	オディ

日本語		
ところ	데 テ／곳 コッ	
登山	등산 トゥサン	
歳（年齢）	나이 ナイ	
年	해 ヘ	
閉じる	닫다 タッタ	
とても	아주 アジュ／매우 メウ	
泊まる	숙박하다 スッパカダ	
友達	친구 チング	
鳥	새 セ	
どんな	어떤 オットン	
な		
ない	없다 オプタ	
中	안 アン／속 ソク	
長い	길다 キルダ	
流れる	흐르다 フルダ	
泣く	울다 ウルダ	
投げる	던지다 トンジダ	
夏	여름 ヨルム	
夏休み	여름방학 ヨルムパンハク	
何	무엇 ムオッ／뭐 ムォ	
名前	이름 イルム	
習う	배우다 ペウダ	
(〜に) なる	되다 テェダ	
に		
似合う	어울리다 オウルリダ	
苦い	쓰다 スダ	
肉	고기 コギ	
にせもの	가짜 カチャ	
二度と (〜しない)	두 번 다시 トゥボンタシ	
日本	일본 イルボン	

日本語	일본어 イルボノ
	일본말 イルボンマル
日本人	일본사람 イルボンサラム
にわとり	닭 タク
ぬ	
脱ぐ	벗다 ポッタ
ね	
値段	값 カプ
熱	열 ヨル
熱が出る	열이 나다 ヨリナダ
寝る／眠る	자다 チャダ
年	년 ニョン
残す	남기다 ナムギダ
残る	남다 ナムタ
の	
のど	목 モク
のどがかわく	목이 마르다 モギマルダ
登る	올라가다 オルラガダ
飲む	마시다 マシダ
乗る	타다 タダ
は	
歯	이 イ
葉	잎 イプ
はい	네 ネ／예 イェ
葉書	엽서 ヨプソ
履く	신다 シンタ
博物館	박물관 パンムルグァン
初めて	처음 チョウム
始める	시작하다 シジャッカダ
走る	달리다 タルリダ

149

バス	버스 ボス		広い	넓다 ノルタ
働く	일하다 イラダ		便箋	편지지 ピョンジジ
花	꽃 コッ		**ふ**	
鼻	코 コ		封筒	봉투 ボントゥ
話	이야기 イヤギ		深い	깊다 キプタ
母	어머니 オモニ		服	옷 オッ
速く	빨리 パルリ		ふさぐ／防ぐ	막다 マクタ
林	숲 スプ		豚	돼지 テジ
腹	배 ペ		再び	또 ト／다시 タシ
払い戻し	환불 ファンブル		部長	부장 ブジャン
春	봄 ボム		ぶつ	때리다 テリダ
晩	밤 パム		ふとん（しきぶとん）	요 ヨ
パン	빵 パン		ふとん（かけぶとん）	이불 イブル
ひ			船	배 ペ
日	날 ナル		踏む	밟다 パプタ
陽	해 ヘ		冬	겨울 キョウル
火	불 プル		冬休み	겨울방학 キョウルパンハク
ビール	맥주 メクチュ		雰囲気	분위기 プニギ
低い	낮다 ナッタ		**へ**	
飛行機	비행기 ピヘンギ		平日	평일 ピョンイル
久しぶり	오래간만 オレガンマン		部屋	방 パン
左	왼쪽 ウェンチョク		減らす	줄이다 チュリダ
人	사람 サラム		勉強する	공부하다 コンブハダ
ひとりで	혼자 ホンジャ		**ほ**	
	혼자서 ホンジャソ		帽子	모자 モジャ
日にち	날짜 ナルチャ		星	별 ピョル
病院	병원 ピョンウォン		ホテル	호텔 ホテル
病気	병 ピョン		骨	뼈 ピョ
開く	열다 ヨルダ／펴다 ピョダ		本	책 チェク
昼	낮 ナッ		本当に	정말 チョンマル

	정말로	チョンマルロ	道	길	キル
ほんもの	진짜	チンチャ	皆	다 / 모두	ター / モドゥ
ま			耳	귀	クィ
毎日	매일	メイル	見る	보다	ポダ
前	앞 / 전	アプ / チョン	**む**		
前売り券	예매권	イェメクォン	虫	벌레	ポルレ
枕	베개	ペゲ	難しい	어렵다	オリョプタ
負ける	지다	チダ	息子	아들	アドゥル
まける（値段を）	깎다	カクタ	結ぶ	맺다	メッタ
孫	손자	ソンジャ	娘	딸	タル
まず	먼저 / 우선	モンジョ / ウソン	胸	가슴	カスム
まずい	맛없다	マドプタ	**め**		
ますます	더욱	トウク	目	눈	ヌン
また	또 / 다시	ト / タシ	召し上がる	드시다	トゥシダ
まだ	아직	アジク		잡수시다	チャプスシダ
待つ	기다리다	キダリダ	免許	면허	ミョノ
全く	전혀	チョニョ	免税店	면세점	ミョンセジョム
窓	창	チャン	**も**		
窓口	창구	チャング	もう	벌써	ポルソ
守る	지키다	チキダ	もういちど	다시	タシ
回る	돌다	トルダ	もう少し	좀더	チョムド
真ん中	가운데	カウンデ	申し訳ない	미안하다	ミアナダ
満腹だ	배가 부르다	ペガプルダ		죄송하다	チェソンハダ
み			もしもし	여보세요	ヨボセヨ
見える	보이다	ポイダ	餅	떡	トク
右	오른쪽	オルンチョク	もちろん	물론	ムルロン
短い	짧다	チャルタ	持つ	가지다	カジダ
水	물	ムル	もっと	더	ト
店	가게 / 집	カゲ / チプ	最も	가장 / 제일	カジャン / チェイル
見せる	보이다	ポイダ	模様	무늬 / 모양	ムニ / モヤン

もらう	받다 パッタ		夜	밤 パム
や			弱い	약하다 ヤッカダ
焼き肉	불고기 プルゴギ		**ら**	
野球	야구 ヤグ		来月	다음달 タウムタル
野菜	야채 ヤチェ		来週	다음주 タウムチュ
安い	싸다 サダ		来年	내년 ネニョン
やはり	역시 ヨクシ		楽に	편히 ピョニ
山	산 サン		**り**	
ゆ			リコンファーム	재확인 チェファギン
夕食	저녁 チョニョク		リュック	배낭 ペナン
床	바닥 パダク		両親	부모님 プモニム
雪	눈 ヌン		料理	요리 ヨリ／음식 ウムシク
ゆっくりと	천천히 チョンチョニ		旅館	여관 ヨグァン
指（足の）	발가락 パルカラク		**れ**	
指（手の）	손가락 ソンカラク		礼儀	예의 イェイ
よ			**ろ**	
良い	좋다 チョッタ		廊下	복도 ポクト
曜日	요일 ヨイル		**わ**	
日曜日	일요일 イリョイル		若い	젊다 チョムタ
月曜日	월요일 ウォリョイル		わからない	모르다 モルダ
火曜日	화요일 ファヨイル		分ける	나누다 ナヌダ
水曜日	수요일 スヨイル		和食	일식 イルシク
木曜日	목요일 モギョイル		忘れる	잊다 イッタ
金曜日	금요일 クミョイル		渡る	건너다 コンノダ
土曜日	토요일 トヨイル		笑う	웃다 ウッタ
何曜日	무슨 요일 ムスニョイル		悪い	나쁘다 ナップダ
よく	잘 チャル			
横（に）	가로 カロ			
読む	읽다 イクタ			
予約する	예약하다 イェヤッカダ			

●韓国語の「こそあど」

この	이 イ	これ	이것 イゴッ	ここ	여기 ヨギ
その	그 ク	それ	그것 クゴッ	そこ	거기 コギ
あの	저 チョ	あれ	저것 チョゴッ	あそこ	저기 チョギ
どの	어느 オヌ	どれ	어느 것 オヌゴッ	どこ	어느 곳 オヌゴッ
何の	무슨 ムスン	何	무엇 ムオッ	どこ	어디 オディ

◆特別付録：きせかえ ぬりえ◆

華麗なる朝鮮王朝時代の服のきせかえとぬりえを楽しもう!

プロフィール：

小倉紀蔵（おぐら・きぞう）

1959年生まれ。東京大学ドイツ文学科卒業、ソウル大学哲学科博士課程単位取得。
現在、京都大学教授。専門は韓国思想・文化、東アジア哲学。
NHKテレビ・ラジオハングル講座講師、「日韓友情年2005」実行委員、「日韓交流おまつり」実行委員、「日韓文化交流会議」委員などをつとめる。
主な著書に『韓国は一個の哲学である』『歴史認識を乗り越える』(以上、講談社）、『心で知る、韓国』(岩波書店）、『韓国、愛と思想の旅』(大修館書店)、『ハイブリッド化する日韓』(NTT出版）、『現代韓国を学ぶ』(共著、有斐閣)、『創造する東アジア　文明・文化・ニヒリズム』(春秋社)、『朝鮮思想全史』(筑摩書房) など。

新装版 最もシンプルな韓国語マニュアル

発行日	2007年10月17日（初版）
	2025年 2月21日（第9刷）
著者	小倉紀蔵
編集	株式会社アルク 出版編集部
カバーデザイン	株式会社コンセント
イラスト	山口祐子
CDプレス	株式会社ソニー・ミュージックソリューションズ
印刷・製本	シナノ印刷株式会社
発行者	天野智之
発行所	株式会社アルク
	〒141-0001　東京都品川区北品川6-7-29　ガーデンシティ品川御殿山
	Website https://www.alc.co.jp/

落丁本、乱丁本は弊社にてお取り替えいたしております。
Webお問い合わせフォームにてご連絡ください。
https://www.alc.co.jp/inquiry/
本書の全部または一部の無断転載を禁じます。
著作権法上で認められた場合を除いて、本書からのコピーを禁じます。
定価はカバーに表示してあります。
製品サポート：https://www.alc.co.jp/usersupport/

©2007 Kizo Ogura / ALC PRESS Inc.
Printed in Japan
PC: 7007199
ISBN: 978-4-7574-1272-9

地球人ネットワークを創る
アルクのシンボル「地球人マーク」です。